W0051911

PATCHWORK

PATCHWORK

Patchwork ist eine beliebte und interessante Handarbeit mit einer langen Tradition. Von schön gestalteten Gebrauchsgegenständen bis hin zu kunstvollen Schmuckstücken bietet es viele Möglichkeiten eigener Kreativität.
Gute Anleitungsbücher gehören dazu.

Seit mehr als 30 Jahren steht Christophorus für praxisbezogene Literatur zur Freizeitgestaltung. Genauso wie dieser Band ist jeder Titel aus dem Christophorus-Verlag mit viel Sorgfalt erarbeitet. Das erklärt, warum unsere Bücher jährlich so vielen Leserinnen und Lesern Freude bringen.

Gabriele Reher

PATCHWORK

Schritt für Schritt – von Anfang an

CHRISTOPHORUS

EDITION ZWEIGART

Inhalt

4

Patchwork

Schritt für Schritt - von Anfang an

Patchwork ist eine beliebte und interessante Handarbeit, bei der viele kleine und größere Stoffstücke zu einem harmonischen Ganzen zusammengefügt werden.

Diese Technik hat eine lange Tradition, besonders in Amerika. Ursprünglich als Flickarbeit aus der Not entstanden, wurde das Patchwork bis heute vielfältig weiterentwickelt. Von schön gestalteten Gebrauchsgegenständen bis hin zu kunstvollen Schmuckstücken bietet es viele Möglichkeiten eigener Kreativität. Inzwischen werden nicht mehr nur gebrauchte Stoffe und Stoffreste verwendet, der Handel bietet herrliche Stoffe in zauberhaften Farben und Designs an: Alle Modelle in diesem Band sind aus Patchworkstoffen der Firma **smyrnafix** in Sindelfingen gearbeitet.

Dieses Buch gibt eine Einführung in die Technik des Patchwork mit den Formen des Quadrates und der Streifen. Durch genaue Zeichnungen und viele Tips und Tricks wird für die Anfängerin der Einstieg in diese wundervolle Handarbeit leicht und nachvollziehbar. Sie können zunächst mit einfachen Modellen beginnen und sich Schritt für Schritt in diese schöne Technik einarbeiten.

Sie werden sehen, dieses Hobby läßt Sie nicht mehr los.
Viel Freude mit Patchwork!

Die Stoffe

Die vorgestellten Modelle sind aus original amerikanischen Patchworkstoffen von **smyrnafix** gearbeitet. Sie sind speziell für diesen Zweck hergestellt und eignen sich besonders auch für Anfängerinnen, da keine zusätzlichen Schwierigkeiten bei der Verarbeitung auftreten. Die dicht gewebten Baumwollstoffe gibt es in vielen Farb- und Mustervariationen, genau wie Sie es für eine Patchworkarbeit benötigen.

1. Suchen Sie zunächst einmal ein paar Stoffe aus. Je mehr Sie haben, desto besser können Sie mit Mustern und Farben experimentieren. Es müssen nicht gleich ganze Meter sein, kleine Stücke von 30-50 cm reichen schon für eine Vielzahl von Arbeiten aus, da ja immer mehrere Dessins miteinander verarbeitet werden.

2. smyrnafix-Stoffe müssen nicht vorgewaschen werden. Alle anderen Stoffe sollten vor dem Verarbeiten gewaschen werden, damit sie später nicht ungleichmäßig einlaufen. Ohne die heute in allen Stoffen vorhandene Appretur lassen sie sich besser verarbeiten, besonders beim Quilten. Nach dem Waschen sollten die Stoffe gleich vor dem Aufbewahren gebügelt werden. So vorbereitet, können Sie alte und neue Stoffe sehr gut miteinander verarbeiten.

3. smyrnafix-Patchworkstoffe gibt es in Handarbeitsgeschäften, in speziellen Patchworkläden und im Kaufhaus.

4. Scheuen Sie sich nicht, auch gebrauchte Stoffe von Blusen, alten Kleidern, Tischdecken und Kindersachen zu sammeln. Ob alte Jeans, Oberhemden oder Gardinen: Sind sie überwiegend aus Baumwolle, können diese Stoffe ebensogut in die Patchworkarbeit mit einfließen. Alte Stoffe geben einem Modell einen ganz besonderen Reiz. Sie machen oft die Persönlichkeit einer Arbeit aus und lassen sich mit neuen Stoffen gut kombinieren.

5. Auch auf Reisen, besonders im Ausland, werden Sie manche stoffliche Kostbarkeit entdecken, die zusammen mit heimischen Stoffen Ihrer Arbeit die eigene Handschrift verleiht. Also Augen auf beim Sammeln, wo auch immer!

6. Auch andere Utensilien, wie Spitzen, Borten, Bänder, Litzen und Knöpfe, vielleicht eine gestickte Blüte oder der Teil einer sonst verschlissenen Handarbeit, sind beim Patchwork willkommene Blickpunkte.

7. Kleingemusterte Stoffe eignen sich für Patchwork besonders gut. Sie lassen sich je nach Farbkombination mit einfarbigen, hellen und dunklen Stoffen kombinieren. Aber viele „Kleingemusterte" können Sie auch untereinander verarbeiten, dabei möglichst in einer Farbschiene oder höchstens zwei Tonstufen bleiben (z.B. gelb-rot). Einfarbige Stoffe werden Sie immer wieder als wichtige Bausteine für Ihre Arbeit benötigen.

8. Als Regel für Sie: Je kleiner ein Patchworkteil der Arbeit ist, desto kleingemusterter soll der Stoff sein. Bei größeren Modellen sehen auch großgemusterte Stoffe sehr reizvoll aus.

9. Beim Kauf von Stoffen sollten Sie gleich darauf achten, helle und dunkle, gemusterte und einfarbige Stoffe auszusuchen, denn Patchworkmuster leben erst von den Kontrasten, die dann beim Kombinieren entstehen. Wählen Sie auch keine Stoffe, die in ihrer Qualität (dick oder dünn) zu unterschiedlich sind, es sei denn, Sie haben die jeweilige Andersartigkeit als dekoratives Element, z.B. für Wandbilder, mit eingeplant.

10. Wollen Sie Ihre Stoffsammlung gut und richtig aufbewahren, geben Sie die Stoffe in einen geschlossenen Schrank oder schon nach Farben sortiert in verschließbare Kästen. Licht bleicht Stoffe aus, und es wäre schade, wenn diese so Streifen bekämen.

smyrnafix

PATCHWORKSTOFFE

Die Abbildung zeigt einen kleinen Teil der umfangreichen Palette der Patchworkstoffe von **smyrnafix**. Es sind dichtgewebte, farbechte Qualitäten aus reiner Baumwolle. Die Gewebebreite ist ca. 115 cm.

Für Ihre Patchwork-Ideen stehen Ihnen mehr als 500 original amerikanische Druckdessins zur Auswahl. Millefleurs, große Blumen, geometrische Dessins, spezielle Weihnachtsmuster, Streifen und Karos gibt es in vielen Farbzusammenstellungen, Helligkeitsstufen und Mustervarianten. Dazu kommt eine Skala von Unifarben.

Im oberen Bildteil sind sogenannte „colorbars" (engl.: Farbstreifen) zu sehen. Dies sind längsgestreifte Drucke mit ca. 16 cm breiten Streifen in Farbabstimmungen von hell bis dunkel. Mit einem Stoff haben Sie hier sieben zusammenpassende Unifarben. Es gibt sie auch in Blau, Türkis und Grün sowie in Violett, Rot, Gelb usw.

Stellen Sie aus dieser reichhaltigen Auswahl Ihren individuellen Mustermix aus Farbgruppen, unterschiedlichen Dessingrößen und Motivdichten zusammen – das ist schon der halbe Patchwork-Spaß.

7

Die Werkzeuge

Wenn Sie schöne und kostbare Patchworkarbeiten machen wollen, brauchen Sie auch das richtige Werkzeug. Die Anschaffung der wichtigsten Geräte lohnt sich, da sie erheblich zum Gelingen Ihrer Arbeiten beitragen.

Für Ihre erste Patchworkarbeit können Sie natürlich auch mit der Schere arbeiten, aber wenn Sie auf den Geschmack gekommen sind, brauchen Sie unbedingt:

Ein **Rollschneider** (mit großer Klinge) ist ein großartiges Hilfsmittel zum Schneiden von Stoffen aller Formen, ob Streifen oder Quadrate, ein- oder mehrlagig.
Ersatzklingen – wenn das Messer stumpf ist – gibt es dafür einzeln zu kaufen. Sie sind leicht zu montieren.

Die **Schneidematte** ist eine spezielle Unterlage, auf der Stoff nicht rutscht und die Schärfe des Schneidemessers erhalten bleibt. Sie sollte mindestens 45 x 60 cm groß sein. Kleinere Matten sind unpraktisch.

Das **Rollschneidelineal** ist ein dickes durchsichtiges Plastiklineal mit Hilfslinien für Maße und bestimmte Winkel, das für die Arbeit des Patchworks unerläßlich ist und unbedingt gebraucht wird.

Das **Quadratlineal** (Quilters ruler oder Bias Square) zum Schneiden von Quadraten und Schrägen.

Eine **scharfe Stoffschere**, bitte ausschließlich zum Stoffschneiden verwenden, denn nur so bleibt sie scharf.

Ein **Trennmesser**, ein gutes Hilfsmittel bei falschen Nähten, die unweigerlich am Anfang vorkommen.

Zum Quilten und den Vorbereitungen:
Klebeband von der Rolle, Sicherheitsnadeln, Heftgarn und große Nadeln, Quiltgarn und -nadeln (sie sind kurz und kräftig), eine Bienenwachskerze (Quiltfaden darüber ziehen, damit er sich beim Nähen nicht verdreht), ein Quiltrahmen zum Einspannen der Arbeit beim Quilten.

Quiltschablonen mit Mustern (gibt's fertig zu kaufen) oder Schablonenplastik und Schneidemesser zum Selbstanfertigen von Schablonen, Kreidestift (zum Aufzeichnen der Quiltmuster, wird wieder ausgebürstet).

Weiteres Zubehör, das in vielen Haushalten vorhanden ist:
Eine **Nähmaschine** zum Nähen der vielen Nähte, die das Patchwork bestimmen und ein **Bügeleisen** (mit Bügelfläche), das beim Arbeiten unmittelbar neben dem Arbeitstisch stehen sollte. Zu empfehlen ist ein Dampfbügeleisen, das glättet Falten gut.

Für Entwürfe:
Karopapier oder Block, Bleistift, Buntstifte, Spitzer und Radiergummi, evtl. Weißstift (zum Markieren auf dunklen Stoffen), Lineal, Klebestoff, Winkelmesser, Dreieck, Zirkel.

Zum Nähen:
Nähgarn, Nadeln und Fingerhut, Stecknadeln, Sicherheitsnadeln, Maßband, Einfädler.

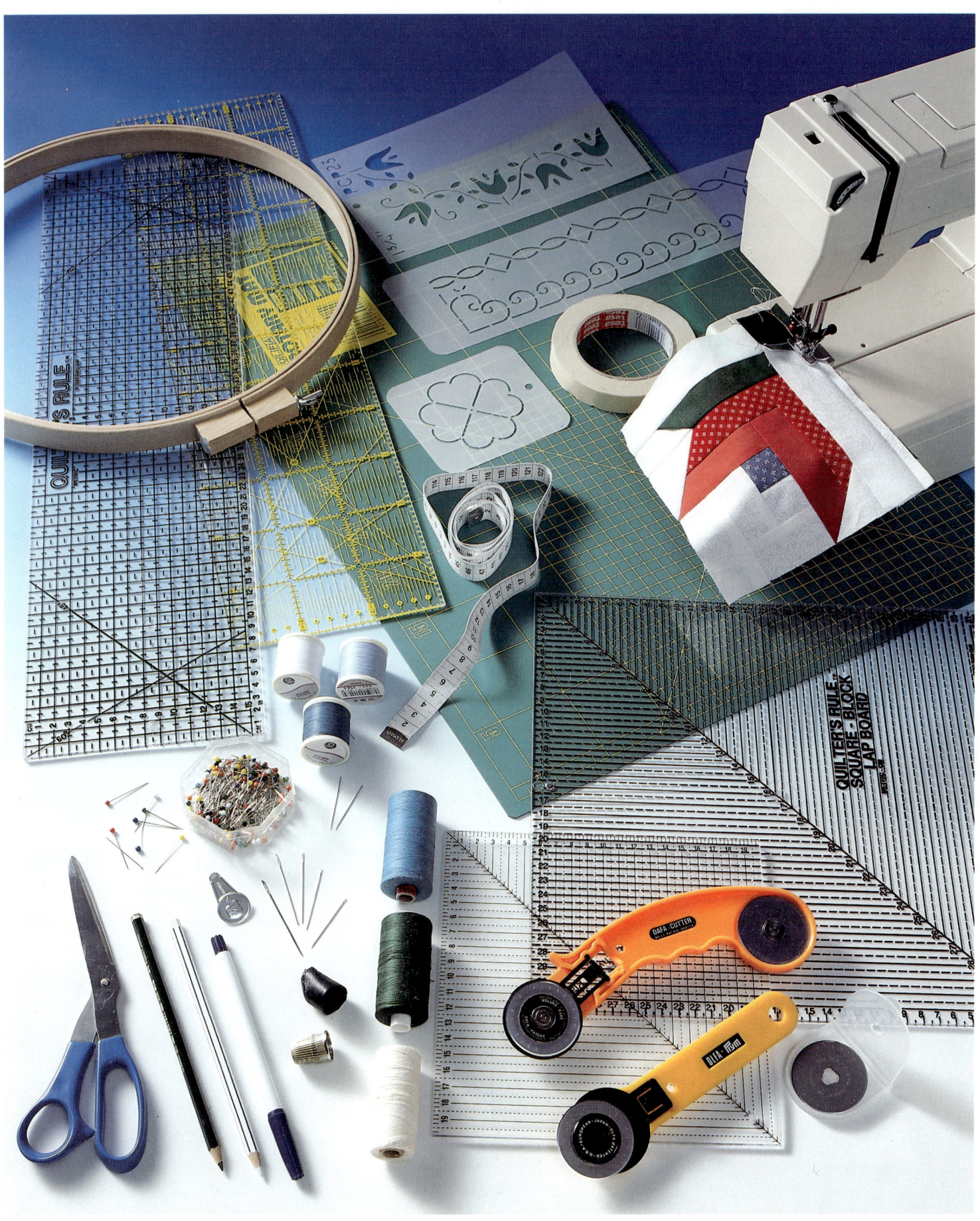

Tips und Tricks

SCHNEIDEN DER STOFFE

1. Zum Schneiden der Stoffe diese immer fadengerade zusammenlegen, d.h. Webkante auf Webkante. Stecken Sie dann durch alle Lagen Stecknadeln, damit der Stoff beim Schneiden nicht verrutschen kann. Dann das Schneidelineal im rechten Winkel zur Webkante legen und die Stoffkante erst einmal fadengerade auf einer Schneidematte abschneiden. Den Stoff mit der Schnittkante nach vorn legen, so daß er nach hinten wegläuft.

2. Mit dem Lineal das gewünschte Maß anlegen und den Stoff mit dem Rollschneider entlang der Linealkante abschneiden. Dabei das Lineal fest auf den Stoff drücken.

NÄHEN DER STOFFE

Jedes Patchworkstück, ob Quadrat, Streifen usw., klein oder groß, braucht an jeder Seite eine Nahtzugabe. Sie entspricht einem halben Steppfuß der Nähmaschine, wenn beim Nähen die Steppfußkante außen an den Stoffkanten entlangläuft.

Allgemein sind die Nähmaschinensteppfüße 1,5 cm breit. Also rechnen Sie für jede Seite 0,75 cm Naht = 1,5 cm für zwei Seiten.

Bei einem eigenen Entwurf müssen Sie also für jedes Teil, ob Quadrat, Rechteck oder Streifen im Fertigmaß (F) eine Nahtzugabe von 1,5 cm berechnen. Das entspricht der Nahtzugabe an jeder Seite von 0,75 cm. So erhalten Sie das Zuschneidemaß (Z).

Hat das Füßchen Ihrer Nähmaschine ein anderes Maß, müssen Sie Ihre eigene Nahtzugabe nach diesem berechnen und dem Fertigmaß zuschlagen.

Zum Nähen Ihrer Arbeit verwenden Sie immer zum Stoff in Qualität oder Farbe passendes Garn oder doch wenigstens helles Garn zu hellen Stoffen und dunkles Garn zu dunklen Stoffen.

Hinweis

Ihre Zuschnittsmaße können Sie entsprechend den Beispielen und Formeln auf Seite 17 errechnen.

NOCH MEHR TIPS UND TRICKS:

1. Am besten richten Sie sich für Patchworkarbeiten einen Tisch ein, den Sie nicht gleich aufräumen müssen und der genügend Platz hat, Ihre Muster darauf auszulegen. Sie können dafür auch auf den Fußboden ausweichen, so daß Sie einen guten Überblick bekommen.

2. Ganz wichtig ist, daß Sie zum Arbeiten immer ausreichend Licht haben. Ob am Tag ein Fenster für guten Lichteinfall sorgt oder eine helle Lampe über dem Arbeitstisch alles gut sichtbar macht, es erleichtert die Arbeit und sorgt dafür, daß Sie Ihre Augen schonen. Auch beim Quilten, besonders auf dunklen Stoffen, müssen Sie für gute Lichtverhältnisse Sorge tragen. Die Arbeit soll für Sie ja eine Lust und keine Last sein.

Fortsetzung auf Seite 12 und 13

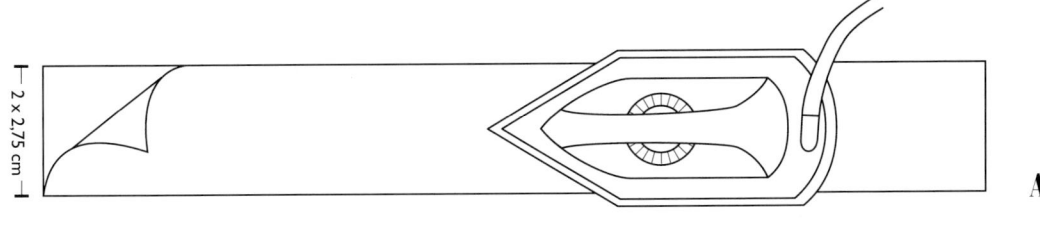

A

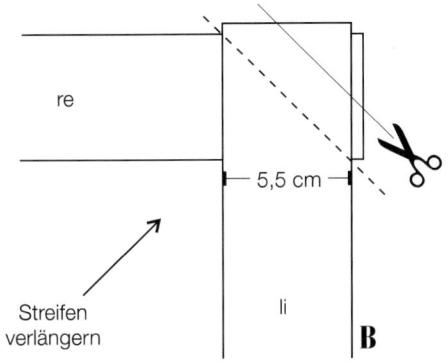

B

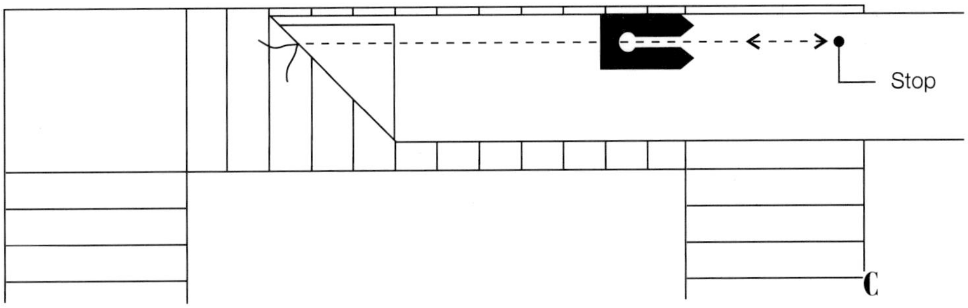

RANDSTREIFEN

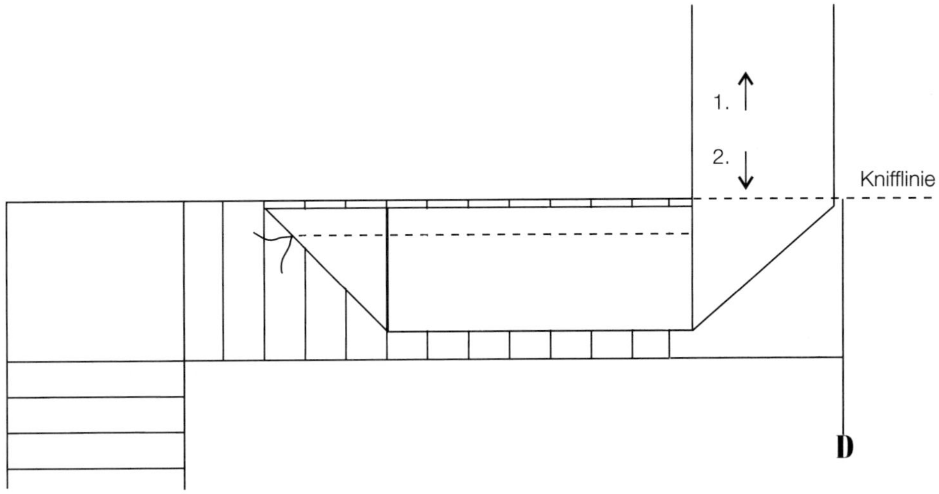

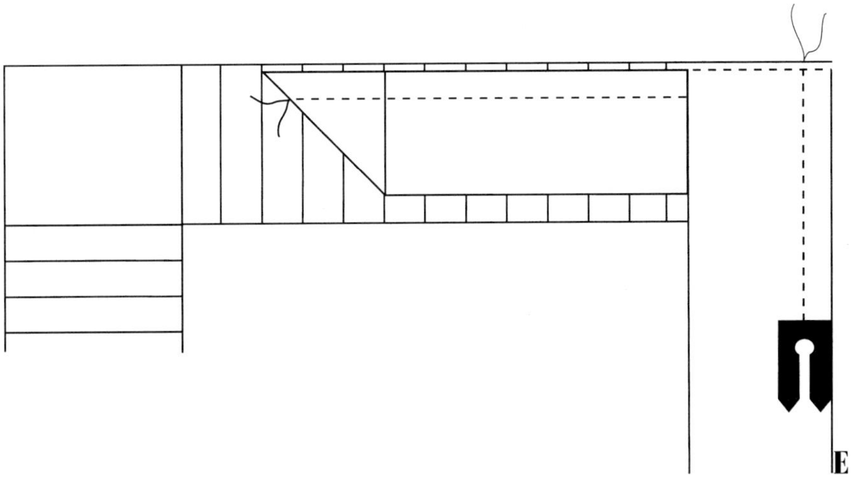

Eine besonders einfache und saubere Lösung für eine große oder kleine Patchworkarbeit ist der Randstreifen. Arbeitsanleitung:

1. Länge des Randes der Patchworkarbeit messen. In diesem Maß + 5 cm Stoffstreifen in 5,5 cm Breite (bei sehr dickem Vlies auf 6 cm verbreitern) abschneiden und in der Länge zur Hälfte bügeln (Zeichnung A).

2. Zum Verlängern, bei großen Arbeiten, zwei Streifen im rechten Winkel rechts auf rechts legen und schräg abnähen (Zeichnung B).

3. Mit der offenen Kante den Streifen rechts auf rechts auflegen, die Ecke nach vorne umschlagen und bis zum eingezeichneten Punkt absteppen (Zeichnung C).

4. Den doppelten Streifen erst hochschlagen (Zeichnung D), dann an der Knifflinie wieder runterschlagen und ihn an die Kante der Patchworkarbeit nähen (Zeichnung E). Alle Ecken so arbeiten. Dann den am Ende überlappenden Streifen mit der geschlossenen Kante nach hinten umschlagen und ihn mit Handstichen an der vorhandenen Naht festnähen.

C

D

E

Nähte bügeln

Beim Nähen von Patchworkarbeiten ist das Bügeln der Nähte sehr wichtig, denn diese sind immer die Kontrollstellen. Sie sollen möglichst paßgenau aneinanderstoßen.

Methode 1: Die Naht wird nach beiden Stoffseiten auseinandergebügelt. Methode 2: Hier werden beide Stoffe der Naht nur zu einer Seite gebügelt und zwar möglichst zur dunklen, damit bei hellen Stoffen die Naht nicht durchscheint. Besonders bei Schachbrettmustern ist diese Art zu empfehlen, da Sie dort ein Nahtpaket auf die eine und das andere Nahtpaket auf die andere Seite legen können. So werden zu dicke Nahtstellen verhindert, denn diese machen das Quilten unnötig schwer.

Bügeln 1

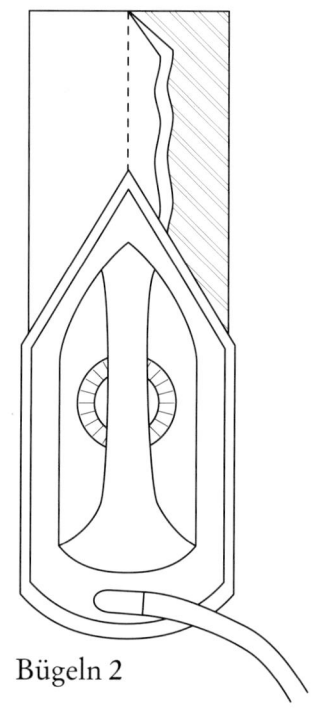

Bügeln 2

Noch mehr Tips und Tricks:

3. Wenn Sie andere als **smyrnafix**-Patchworkstoffe verwenden, sollten diese vor dem Waschen auf ihre Farbechtheit hin geprüft werden. Dazu ein kleines Stoffstück in ein Glas warmes Wasser legen, evtl. gesondert waschen. Haben Sie einmal ungewaschene neue Stoffe verarbeitet, geben Sie Ihre Patchworkarbeit in die Reinigung ins Trockenreinigungsverfahren. Nicht selber waschen!

4. Die Rollschneidetechnik ist das Schneideverfahren mit dem Spezial-Schneidewerkzeug und der Schneidematte. Mit dem Rollschneider lassen sich Stoffe besonders exakt auf Maß schneiden. „Einmal Rollschneider – immer Rollschneider", werden Sie feststellen. Für kleinere Arbeiten geht es auch mal mit der scharfen Schere.

5. Der Rollschneider ist sehr scharf, deshalb sollten Sie ihn nach dem Schneiden sofort schließen, da Verletzungsgefahr besteht, besonders wenn Kinder in der Nähe sind!

6. Stoffe vor dem Schneiden immer über den vorhandenen Bruch über die ganze Breite bügeln. Das verhindert sogenannte Treppen im Schnitt.

7. Stoffe mit geraden Linien als Muster einfach gelegt schneiden.

8. Jedes Arbeitsstück sollte immer nach dem Nähen gut gebügelt werden. Das Bügeln ist auch entscheidend für die Paßgenauigkeit bei den Mustern.

9. Natürlich kann Patchwork auch mit der Hand genäht werden, das ist allerdings zeitaufwendiger. Beachten Sie dabei folgendes: Genäht wird hier im

NÄHEN MIT DER MAUS

Eine gute Idee, viel Garn zu sparen, ist das Nähen mit der Maus. Bei jedem Wechsel von zu nähenden Stücken verwenden Sie ein kleines Stück zusammengelegten Stoff, ca. 3 x 3 cm groß, über das Sie im Anschluß nähen.

Das erste genähte Stück hinter dem Steppfuß abschneiden (die Maus liegt unter dem Steppfuß), dann das neue zu nähende Stück vorn wieder ansetzen, danach hinten die Maus abschneiden und vorn wieder ansetzen, usw. Bei gleichen Stücken (Kettennähen) können Sie ohne Maus arbeiten.

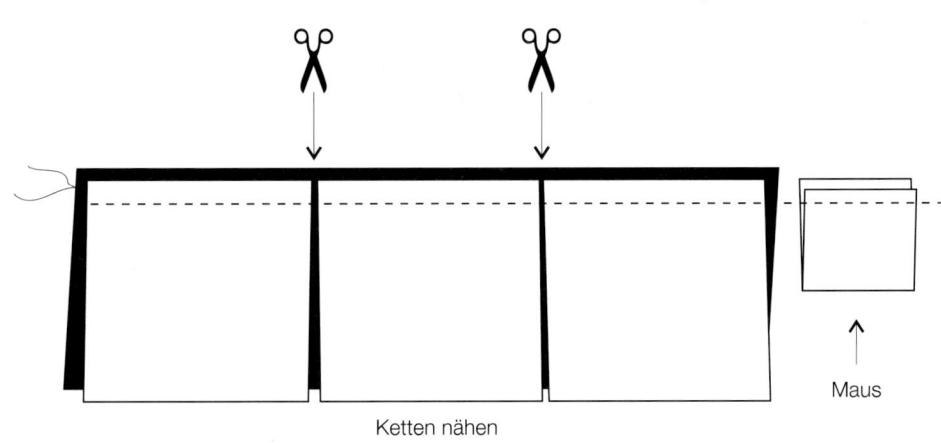

Ketten nähen

Maus

MOTIVSUCHE MIT FENSTERSCHABLONE

Wollen Sie für Ihre Arbeit besondere Motive herausheben und einarbeiten, können Sie diese mit Hilfe einer Pappschablone gut aus dem Stoffbild heraussuchen. Auch wenn ein Motiv „mittig" angelegt werden soll, ist diese Methode ratsam. Zeichnen Sie auf eine Pappe ein Fenster in der Größe des Zu-

schneidemaßes, und markieren Sie die Kante mit einem weichen Bleistift (bei dunklen Stoffen einen weißen Stift verwenden). Ist die Fensterschablone im Fertigmaß geschnitten, beim Ausschneiden des Stoffs die Nahtzugabe nicht vergessen!

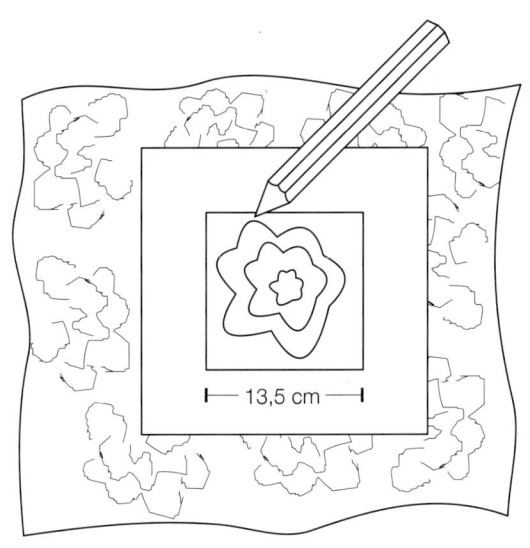

⊢ 13,5 cm ⊣

Prinzip mit kleinen Reihstichen und Quiltgarn (das ist haltbarer als Nähgarn). Am Nahtanfang, am Ende und nach ca. 3–4 Reihstichen machen Sie einen Rückstich. So bekommt die Naht den nötigen Halt.

Das Nähen mit der Hand kann gerade für kleinere Arbeiten sehr sinnvoll sein, z.B. während der Wartezeiten beim Arzt, auf einer Bahnfahrt, im Strandkorb oder beim Fernsehen.

10. Fertige Arbeiten aus gewaschenen Stoffen können Sie ohne weiteres in der Waschmaschine bei entsprechen-

der Gradeinstellung waschen. Den Quilt am besten freihängend ohne Sonne trocknen lassen. Das bekommt der Füllung gut.

11. Suchen Sie einmal eine ganz spezielle Farbe, so können Sie sich diese auch selbst einfärben. Als Grundstoff ist hier der preiswerte Nessel zu verwenden. Es eignen sich aber auch zum Färben alte Damastbettwäsche, Tischdecken, leichte weiße Bettlaken und helle Stoffe mit leichten Flecken (hier dunkel färben). Färben sollten Sie nur vorgewaschene Stücke. Textilfarben

gibt es in großer Auswahl (Anleitungen jeweils beachten).

12. Auf Ihre Patchworkarbeit auf der Rückseite immer Namen und Datum einsticken, denn Patchworkarbeiten behalten ihren Wert. Je mehr eine Arbeit gequiltet ist, desto wertvoller ist sie – auch noch nach Jahren, ja sogar nach Generationen.

Das Füttern und Quilten

Das Quilten ist beim Patchwork die Nähtechnik, durch die der typische Steppcharakter der Arbeiten entsteht. Es heißt nichts anderes als „steppen". Steppdecken und Jacken werden Ihnen bekannt sein. Auch Patchworkdecken haben diesen Steppcharakter durch das Bearbeiten mit vielen kleinen Steppstichen. Beim Patchwork hat diese Nähtechnik aber inzwischen neben dem praktischen Wert auch einen dekorativen Charakter. Je mehr eine Decke gequiltet ist, noch dazu mit phantasievollen Mustern, desto wertvoller wird sie. Ob Blumen, Ranken oder geometrische Muster: Sie lassen sich am besten per Hand mit Steppstich einarbeiten. Linien dagegen können auch mit der Nähmaschine gequiltet werden (mehr zum Quilten auf Seite 34).

Foto (oben links)

Es gibt verschiedenste Möglichkeiten, Patchworkarbeiten zu füttern, je nachdem, was Sie gearbeitet haben. Eine Tischdecke erhält einen dünneren Vlies als eine Decke, die wärmen soll. Es gibt viele verschiedene Sorten zu kaufen, und Sie können wählen zwischen Baumwollvlies oder Einlagen aus Synthetik. Es ist auch eine Preisfrage, denn Vliessorten aus Baumwolle sind kostspieliger. Für kleine Arbeiten können auch Molton, Vlieseline oder flauschiges Frottee als Einlage verwendet werden.

Wollen Sie besondere Muster in Ihre Decke quilten, z.B. auf einfarbige Stoffteile oder Ränder, sollten Sie diese vor dem Schichten aufzeichnen. Wollen Sie entlang der Nählinien und Formen Ihrer Patchworkarbeit quilten, ist ein Vorzeichnen nicht nötig.

Foto (oben rechts)

Das typische Patchwork besteht immer aus drei Lagen: Unterstoff/Futter, Vlieslage/andere Einlage und Oberstoff/Patchworkarbeit. Um alle Teile miteinander zu verbinden, werden sie mit Quiltstichen zusammengehalten. Dazu müssen Sie Ihre Patchworkarbeit vorbereiten. Zunächst legen Sie den Unterstoff (Futter, linke Seite nach oben) auf einer genügend großen, glatten Fläche aus (bei großen Stücken auf dem Fußboden oder auf eine Tischtennisplatte). Unterseitenstoff oder Futter und Vlies müssen rundherum etwas größer als die Patchworkarbeit zugeschnitten sein (kleine Arbeiten 2-3 cm, Decken ca. 5 cm).

Der Unterstoff/Futter soll immer an den gegenüberliegenden Seiten gespannt und mit Klebeband mehrfach auf der Fläche festgeklebt werden. Den Vlies zunächst locker darüberlegen und von der Mitte zu den Rändern glatt streichen und ebenfalls stellenweise festkleben. Den Oberstoff (Patchwork) so auflegen, daß an allen vier Seiten Vlies und Futter überstehen. Ebenfalls von der Mitte aus den Stoff nach allen Seiten glatt streichen und mit Klebestreifen befestigen.

Foto (unten links)

Nun werden alle drei Teile miteinander verbunden. Sie können mit Hilfe von Sicherheitsnadeln alle Teile mehrfach zusammenstecken oder aber heften. Für große Stücke ist Heften besser. Sie können wählen, welche Methode Ihnen besser gefällt. Mit einer großen dünnen Nadel und Heftgarn, immer von der Mitte zum Rand sternförmig, die drei Lagen mit großen Stichen verbinden. Den Rand ebenfalls mit großen Stichen fixieren und nach Belieben auch in der Mitte noch eine oder zwei Runden heften.

Foto (unten rechts)

Ihre vorbereitete Arbeit können Sie nun quilten. Lösen Sie alle Klebestreifen. Mit Quiltgarn und einer Quiltnadel arbeiten Sie entlang der Nählinien kleine gleichmäßige Reihstiche durch alle drei Lagen. Die für das Patchwork so typische plastische Wirkung entsteht. Beginnen Sie auch beim Quilten immer in der Mitte und arbeiten Sie sich langsam bis zum Rand vor. Erst wenn alles fertig gequiltet ist, können Sie den Rand begradigen und evtl. einen Saum oder eine Kante anarbeiten. Bei größeren Arbeiten empfiehlt es sich, einen Quiltrahmen zu verwenden, damit sich keine Falten zwischen den Quiltpartien bilden.

Tip:

Ob Sie die klassische Quiltmethode mit der Hand für Ihre Arbeiten wählen oder mit der Maschine quilten (hier gibt es einen Spezial-Quiltfuß) oder auch steppen, ist Geschmacks- oder Fleißsache.
Ich empfehle, Gebrauchsgegenstände, wie Kissen, Kinderdecken, Topflappen usw. mit der Nähmaschine zu steppen. Kostbare Decken und Geschenke, die besonders hübsch werden sollen und die der Beschenkte zu schätzen weiß, würde ich mit der Hand quilten, da die Mustermöglichkeiten hier vielfältiger und differenzierter sind.

DIE BLÖCKE

Die alten, ersten Patchworkdecken bestanden meist aus vielen Quadraten, den „Blöcken".

Ein Block kann ein einfarbiges Quadrat sein oder ein Quadrat, das aus mehreren Teilen zusammengesetzt wurde. Ob Quadrate, Rechtecke oder Streifen, alles läßt sich zu einem Block kombinieren.

Zeichnung A zeigt, wie unterschiedlich jeweils ein Block zusammengesetzt werden kann. Sie finden im folgenden noch weitere Beispiele dafür.

Jeder Block wird nach einem bestimmten System zusammengesetzt. Die Zeichnung zeigt anhand von kleinen Pfeilen und Zahlen die Reihenfolge des Nähens, damit sich der Block zusammenfügt. Jedes Teil bekommt eine eigene Nahtzugabe!

Blöcke zeichnen können Sie am besten auf Rechenpapier (Zeichnung B), schneiden Sie diese dann aus und legen

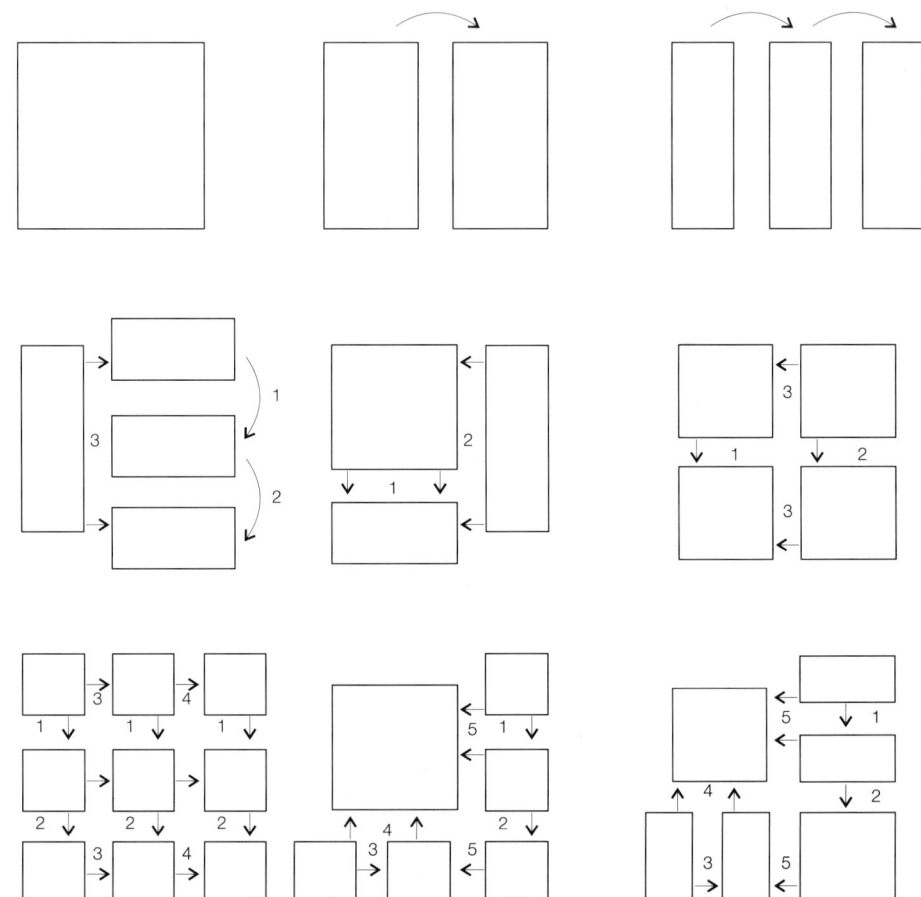

Zeichnung A

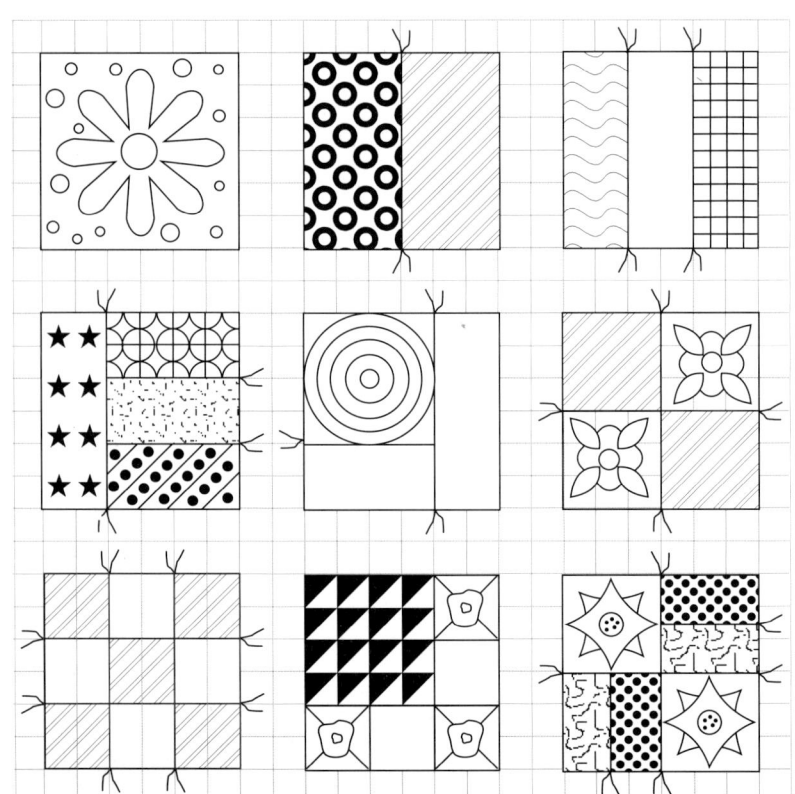

Zeichnung B

damit einmal ein paar Muster, ob farbig angemalt oder in Schwarz-Weiß (siehe Zeichnung C u. D) spielt dabei keine große Rolle. Auf jeden Fall erfahren Sie so etwas über die Wirkung und Zusammenstellung von Blöcken, bevor Sie ans Stoffmaterial gehen.

Verschiedene Blöcke, quadratisch, rechteckig, klein und groß, können alle kombiniert werden, wenn Sie dabei die Maße beachten (z.B. vier kleine Quadrate ergeben ein großes Quadrat). Auch können rechteckige Blöcke eingefügt werden.

Blöcke können aneinandergenäht, auf die Spitze gestellt, mit Streifen umrandet oder versetzt aneinandergenäht werden. Die Mustermöglichkeiten sind endlos.

FORMEL:

F = Fertigmaß + Nahtzugabe an jeder Seite von 0,75 cm (Nahtzugabe von 1,5 cm an 2 Seiten) ergibt Z=Zuschneidemaß

RECHENBEISPIELE FÜR QUADRATE

1 Quadrat: F = 20 x 20 cm
            Z = 21,5 x 21,5 cm

aufgeteilt in:
2 x 2 Quadrate = 20 cm : 2 = 10 cm
    1 Quadrat = F = 10 x 10 cm
                 Z = 11,5 x 11,5 cm

oder aufgeteilt in:
4 x 4 Quadrate = 20 cm : 4 = 5 cm
    1 Quadrat = F = 5 x 5 cm
                 Z = 6,5 x 6,5 cm

oder aufgeteilt in:
8 Streifen = 20 cm : 8 = 2,5 cm
    1 Streifen = F = 20 x 2,5 cm
                  Z = 21,5 x 4 cm

oder aufgeteilt in:
2 x 8 Streifen = 20 cm : 8 = 2,5 cm
    und 20 cm : 2 = 10 cm
    1 Streifen = F = 2,5 x 10 cm

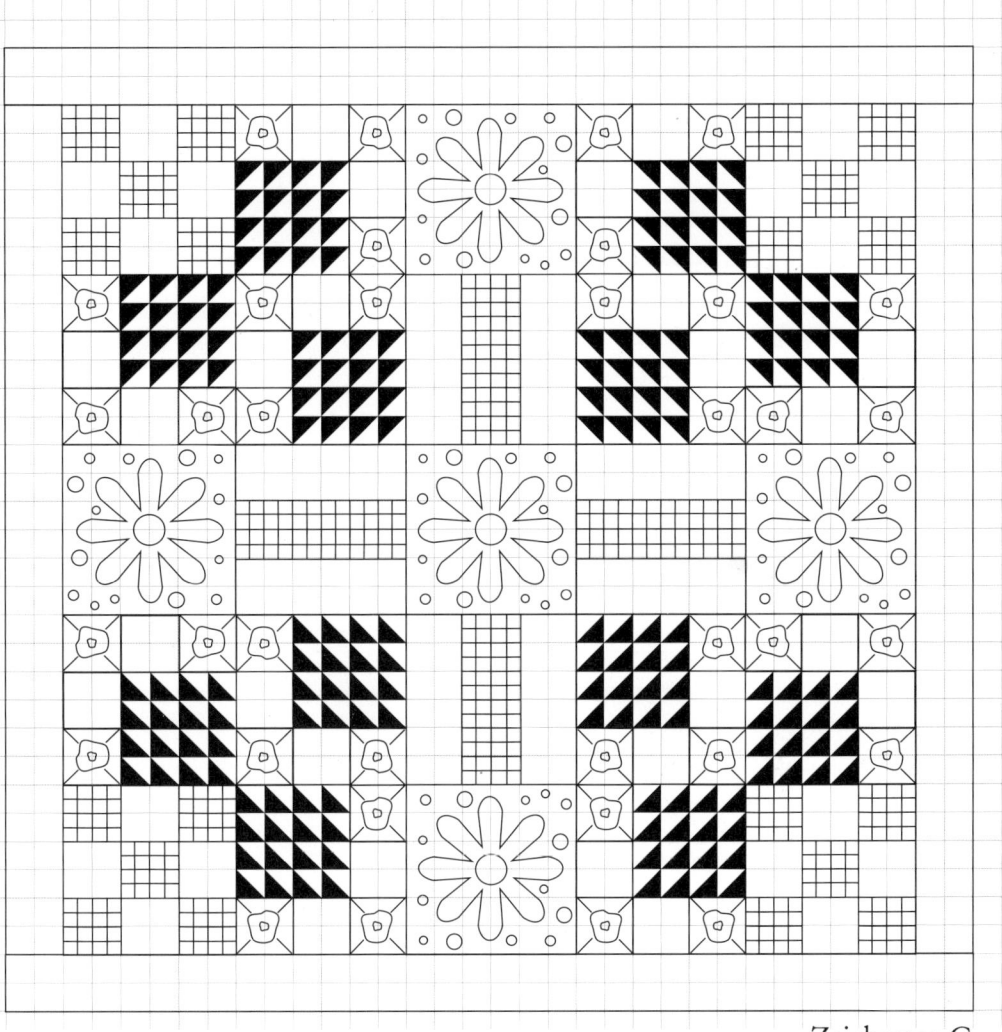

Zeichnung C

Zeichnung D

Blöcke errechnen ist eine wichtige Arbeit, bevor Sie ans Zuschneiden und Nähen gehen. Ist diese Arbeit nicht genau gemacht, besteht die Gefahr, daß Sie Stoff verschneiden oder nichts zusammenpaßt. Da auf dem Schneidelineal bis zu 0,25 cm Maß Linien markiert sind, ist es günstig, für Blöcke immer Maße zu verwenden, die maximal bis zu 0,25 cm geteilt werden müssen.

Zum Beispiel: 20 cm : 4 = 5 cm
               20 cm : 8 = 2,5 cm
               18 cm : 8 = 2,25 cm
               9 cm : 4 = 2,25 cm

Maße unter 0,25 cm erschweren die Arbeit ganz erheblich.
24 cm beispielsweise sind teilbar durch 2, 3, 4, 6, 8, 12 – das ist ein gutes Maß, da sich eine Menge Mustermöglichkeiten für einen Block ergeben.

5 x

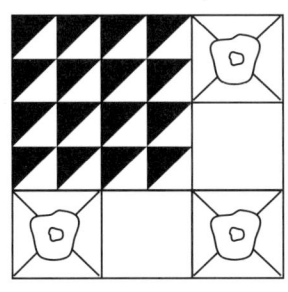

12 x

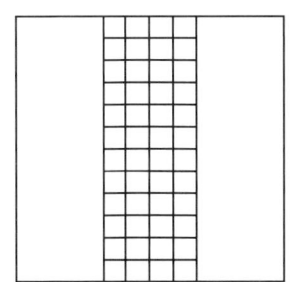

4 x

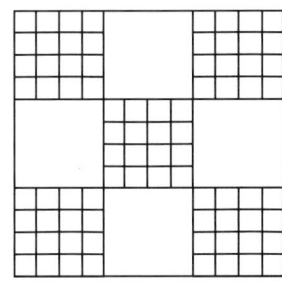

4 x

TOPFLAPPEN MIT QUADRATEN

Größe: ca. 21 x 21 cm

Muster 1 (in der Abb. grün/blau):
**   16 Quadrate**
1 Quadrat: 5 x 5 cm Fertigmaß
**   (Zuschnitt: 6,5 x 6,5 cm)**
Muster 2 (in der Abb. rosa/grün/weiß):
**   25 Quadrate**
1 Quadrat: 4 x 4 cm Fertigmaß
**   (Zuschnitt: 5,5 x 5,5 cm)**
Aufhänger: 1 x 11 cm + Naht
Randstreifen (vgl. S.11): 5,5 cm x Umfang
Material: smyrnafix-Patchworkstoff, Baumwollvlies, Molton oder zwei Lagen Frottee

Arbeitsanleitung:

1. Vom Stoff zunächst Streifen im Z–Maß zuschneiden und Quadrate abteilen. Dabei können die Streifen in unterschiedlicher Farbe übereinandergelegt werden (rationeller Zuschnitt). Die Quadrate alle gleich groß zuschneiden.

2. Die Quadrate erst in Reihen, dann die Reihen aneinandernähen. Die Nähte müssen dabei übereinanderliegen. Sie können mit dem Nähen quer oder längs beginnen. Kleine Abweichungen beim Nähen durch Ziehen des kürzeren Stoffs ausgleichen.
Quadrate rechts auf rechts legen. Mit Stecknadeln so feststecken, daß der Steppfuß der Nähmaschine darübergleiten kann. Nähte auseinanderbügeln. Streifen aus Quadraten so legen,

daß die Nähte paßgenau aufeinanderliegen. Ebenfalls mit mehreren Stecknadeln feststecken und steppfußbreit nähen.

3. Rückseitenstoff in Größe des Topflappens schneiden. Vlies in gleicher Größe zwischen Ober- und Unterseite legen und alle drei Lagen mit Heftstichen verbinden.

4. Für den Aufhänger die langen Stoffkanten 0,5 cm einschlagen, den Streifen der Länge nach falten und absteppen.

5. Rund um den Topflappen den Randstreifen (vgl. S. 11) annähen, dabei den Aufhänger an beiden Enden mitfassen. Den Randstreifen umlegen und mit Handstichen an der vorhandenen Naht festnähen.

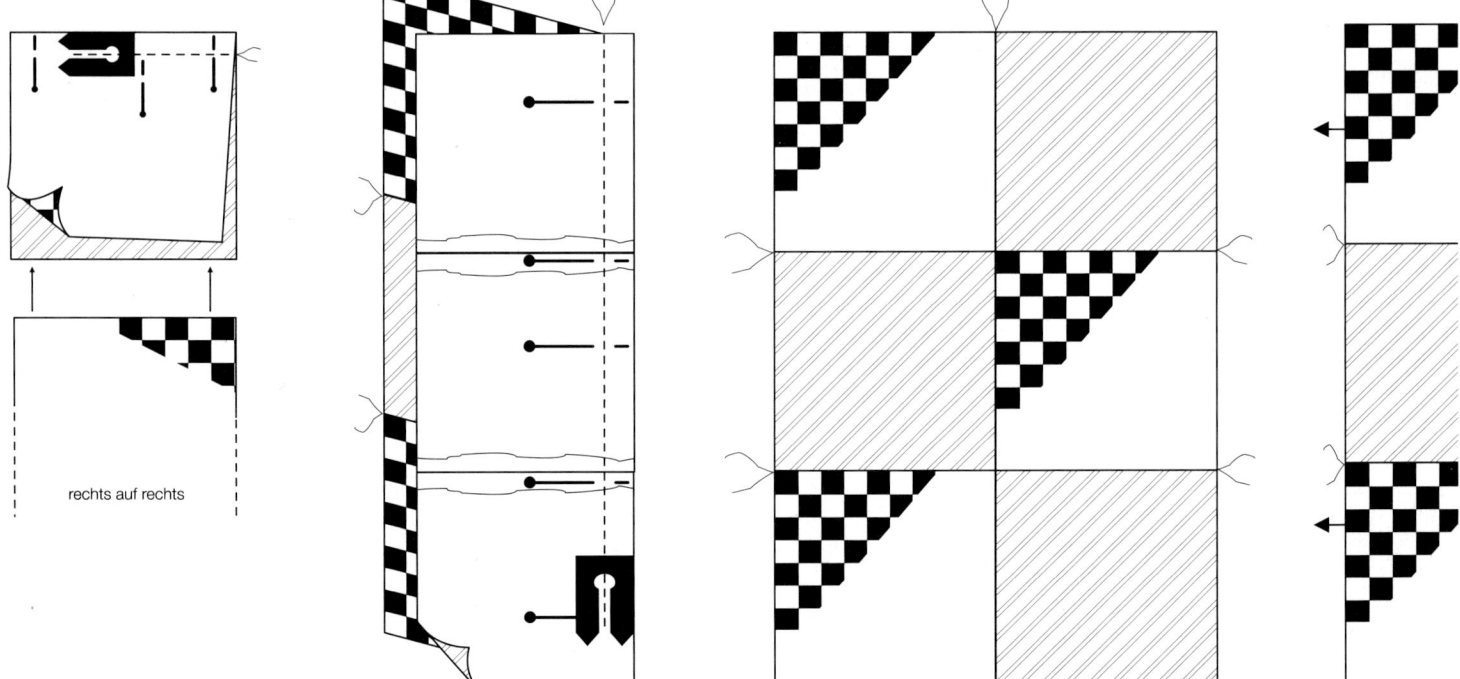

rechts auf rechts

Die Streifen

KISSEN FLECHTMUSTER

(s. Abb. vorderes Kissen)

Größe: ca. 40 x 40 cm

Muster: 16 Quadrate mit gleichen Streifen

1 Quadrat: 10 x 10 cm

Streifen je Quadrat:

     5 Streifen je 2 x 10 cm

Angegeben ist das Fertigmaß, für den Zuschnitt kommen für jedes Teilstück rundherum 0,75 cm hinzu. Rechenbeispiel und -formel finden sie auf Seite 17.

KISSEN PATCHWORKTREPPE

(s. Abb. mittleres Kissen)

Größe: ca. 40 x 40 cm

Muster: 16 Quadrate mit ungleichen
     Streifen

1 Quadrat: 10 x 10 cm

Streifen je Quadrat:

     3 Streifen je 2 x 10 cm

     1 Streifen 4 x 10 cm

Material: verschiedene, gemusterte smyrnafix-Patchworkstoffe, Rückseitenstoff, etwas Nessel in Kissengröße

Arbeitsanleitung:

1. Für die Kissen nach dem Berechnen Streifen aus Stoff schneiden.

2. Die Streifen in gewünschter Länge und Farbstellung an den Längsseiten aneinandernähen, für jedes Kissen entsprechend müssen sie wieder ein Quadrat ergeben (vgl. Zeichnungen).

3. Durch die Verwendung von hellen und dunklen Stoffen ergibt sich immer wieder eine andere Wirkung, je nachdem, wie die Streifen und Quadrate kombiniert sind.

4. Die Quadrate aneinandernähen (vgl. Seite 18) und die fertige Vorderseite des Kissens mit Nessel hinterlegen.

5. Rückseiten im Hotelverschluß arbeiten (vgl. Seite 23).

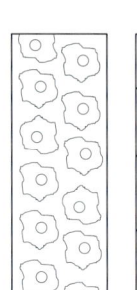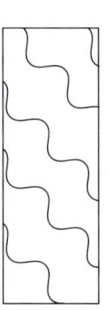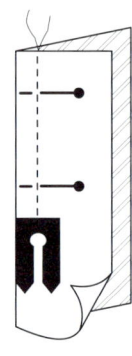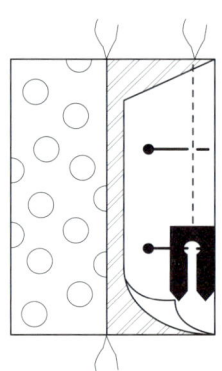

TIP:

Zum Probieren der Farbwirkungen erst einmal ein paar Streifen schneiden und damit spielerisch Muster legen, um so optische Wirkungen herauszufinden.

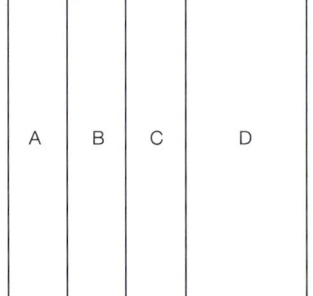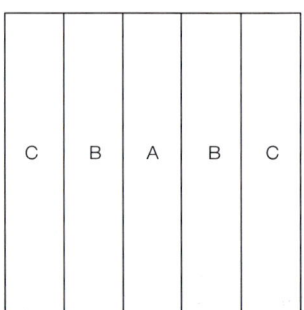

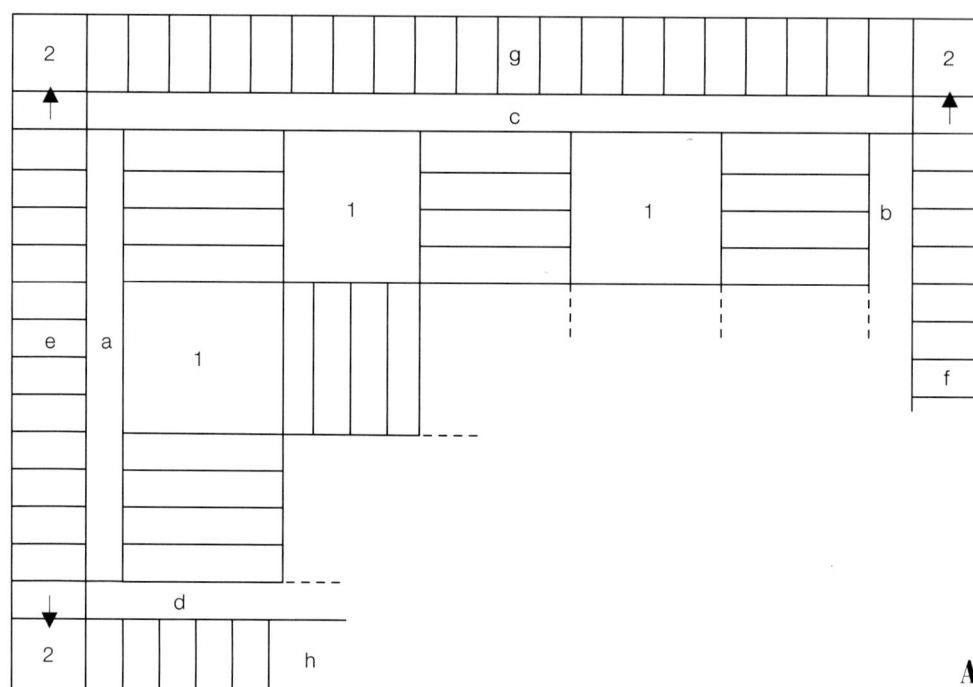

A

RECHTECKKISSEN ROT/GRÜN

(s. Abb. S. 21 hinteres Kissen)

Größe: ca. 44 x 54 cm

Muster: Quadrate, Streifenquadrate, Streifenrand

7 Quadrate je 10 x 10 cm

8 Quadrate je 10 x 10 cm in je 4 Streifen,
    1 Streifen: 2,5 x 10 cm

Roter Rand innen: 2,5 cm breit

4 Eckquadrate (Rand) je 5 x 5 cm

Randstreifen außen: 5 cm breit
    Streifen für Rand: 2,5 x 5 cm

Material: smyrnafix-Patchworkstoff in fünf Mustern, Rückseitenstoff, Nessel in Kissengröße, etwas gelben Filz

Angegeben ist das Fertigmaß, für den Zuschnitt kommen für jedes Teilstück rundherum 0,75 cm hinzu.
Rechenbeispiel und -formel finden Sie auf Seite 17.

Arbeitsanleitung:

1. Die Quadrate und Eckquadrate (Zeichnung A, 1+2) aus gleichem Stoff zuschneiden.

2. Vier Streifen in Stoffbreite (unterschiedliche Muster) zuschneiden und an den Längsseiten aneinandernähen, dann acht Quadrate im Z-Maß davon abschneiden.

3. Die Stoff- und Streifenquadrate im Wechsel zu einem Muster legen, 3 x 5 Stück.

4. Quadrate erst in Reihen, dann die Reihen untereinander nähen. Dabei die Nähte jeweils auseinanderbügeln.

5. An das so entstandene Rechteck erst Streifen a+b, dann c+d anfügen.

6. Erneut 2 x 5 Stoffstreifen in Stoffbreite abschneiden, aneinandernähen (dabei die gewünschte Farbfolge beachten) und hier die Nähte zu einer Seite bügeln.

7. Nun Querstücke im Z-Maß der Randbreite mehrfach abschneiden (Zeichnung B).

8. Von diesen Stücken soviel aneinandernähen, bis die Länge der Rechteckseiten jeweils erreicht ist. Es sind zwei kurze und zwei lange Stücke.

9. An die zwei kurzen Stücke rechts und links die Eckquadrate nähen.

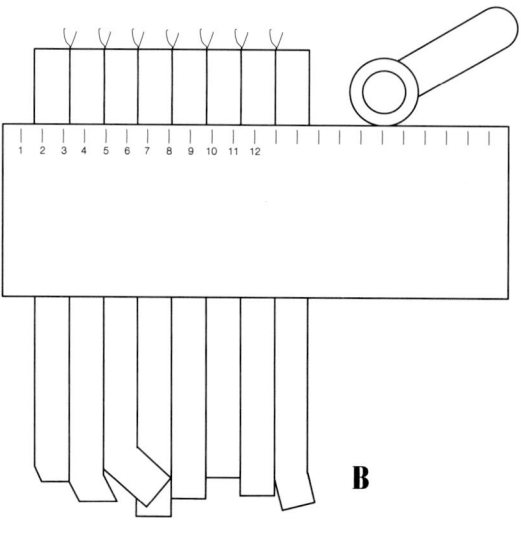

B

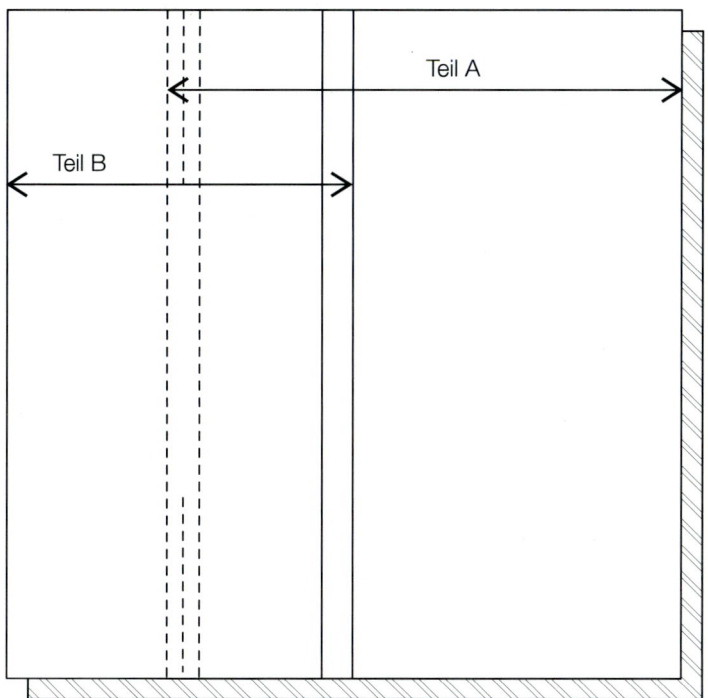

Teil A

Teil B

Hotelverschluß-Kissenrückseite

1. Für die Rückseite „Hotelverschluß" ein Stoffteil in ca. $\frac{1}{2}$ Kissengröße und ein zweites Stück in ca. $\frac{3}{4}$ Kissengröße zuschneiden. Beide Teile an einer Längsseite säumen.

2. Wie die Zeichnung zeigt, wird das kleinere Teil so auf das größere gelegt, daß die Säume beider Teile nach oben umgeklappt liegen.
Mit Stecknadeln stecken.

3. Nun beim größeren Stoffteil rechts und links entlang des Saumes ca. 10 cm nähen und so beide Teile miteinander verbinden.

4. Die so entstandene Rückseite rechts auf rechts auf die Kissenvorderseite legen (Achtung! Saum A muß zur Kissenunterkante zeigen). Rundherum diese Rückseite steppfußbreit aufnähen. Dann durch die oben liegende Öffnung B wenden, die Ecken gut herausarbeiten und die Kante bügeln. Evtl. das Kissen knappkantig steppen.

10. Die langen Streifenränder (ohne Eckquadrate) erst stecken und nähen, dann erst die Streifen mit Eckquadraten ebenso rechts auf rechts legen und steppfußbreit steppen.

11. Die fertige Kissenplatte mit Nessel unterlegen und heften.

12. Blüten herstellen. Dazu Stoffkreise mit 7 cm Durchmesser ausschneiden und am Rand rundherum reihen, zusammenziehen und in der Mitte ganz fest einen kleinen Filzkreis aufnähen. Die Blüten mit der Hand auf die Kissenplatte nähen, dabei den Nessel mitfassen.

13. Die Rückseite mit Hotelverschluß arbeiten.

14. Nach dem Wenden das Kissen an der Innenkante des Streifenrandes rundherum steppen, so daß nach dem Füllen des Kissens ein schöner Rand entsteht.

TIP:
Wenn Sie ein eigenes Modell entwerfen wollen, so läßt sich das bei dieser Streifentechnik hervorragend auf Rechenpapier zeichnen.

PUPPENDECKE

Größe: ca. 58 x 62 cm

Muster: unregelmäßige Streifen und Kanten mit eingesetzten Quadraten

Breite Zwischenstreifen: 4 cm breit

Schmaler Streifen rundherum (Zeichnung D 1 + 2): 2 cm breit

Breiter Saum (D 3 + 4): 4 cm breit

Große Eckquadrate (D 5): 4 x 4 cm

Außenrand (D 6): 2 cm breit

Kleine Eckquadrate (D 7): 2 x 2 cm

(Die Streifenlänge ergibt sich aus dem Umfang des Modells.)

Material: smyrnafix-Patchworkstoffe (4–6 cm breit, 40-45 cm lang), einfarbig und gemustert, Rückseitenstoff, dünner Vlies Angegeben ist das Fertigmaß, für den Zuschnitt kommen für jedes Teilstück rundherum 0,75 cm hinzu.

Rechenbeispiel und -formel finden Sie auf Seite 17.

Rechenbeispiel und -formel finden Sie auf Seite 17.

TIP:

Beim Nähen von breiten oder schmalen Randstreifen ist es wichtig, erst einmal genau Maß zu nehmen. Sollten sich Unregelmäßigkeiten von mehr als 1 cm ergeben, die längeren Kanten mit Heftfaden reihen und vorsichtig an das kürzere Kantenmaß angleichen. Kleine Unregelmäßigkeiten sind durch Ziehen des kürzeren Stoffs beim Nähen auszugleichen. Immer vor dem Nähen einen ganzen Rand rechts auf rechts mit Stecknadeln feststecken.

Arbeitsanleitung:

1. Aus den Stoffen Streifen schneiden, die ein breites und ein schmales Ende haben. Die Stoffe sollten in der Farbe miteinander harmonieren (Zeichnung A).

2. Die Streifen so anordnen und zusammennähen, daß Sie eine Fläche von 40 x 44 cm daraus schneiden können. Diese Fläche dann wiederum in 10 cm breite Streifen schneiden (Zeichnung B).

3. Die breiten Zwischenstreifen 44 cm lang vorbereiten und zwischen die 10 cm breiten Stoffteile nähen. Dann die Nähte auseinander bügeln (Zeichnung C).

4. Die Umrandung wird erst oben, dann unten, dann rechts und links angenäht (Zeichnung D 1+2).

5. Nun die Stoffstreifen (Zeichnung D 3+4) ohne Quadrate zuschneiden, dann die Quadrate (5).

6. Wie Zeichnung D zeigt, nähen Sie die Quadrate jeweils rechts und links an die kürzeren Seiten (4 + 5). Zuerst die Streifen 3 annähen, dann Streifen 4 mit den angesetzten Quadraten und zwar rechts auf rechts anfügen.

7. Randstreifen ebenso arbeiten.

8. Den Rückseitenstoff in Quiltgröße zuschneiden und rechts auf rechts auf den Quilt legen, in gleicher Größe den dünnen Vlies darüberschichten und den Rand bis auf eine Öffnung rundherum steppfußbreit nähen. Dann den Puppenquilt wenden, die Ecken gut herausarbeiten und nach Belieben mit der Nähmaschine entlang der breiten Streifen und am Saum steppen. Wer mag, kann auch mit der Hand in Reihstichen quilten.

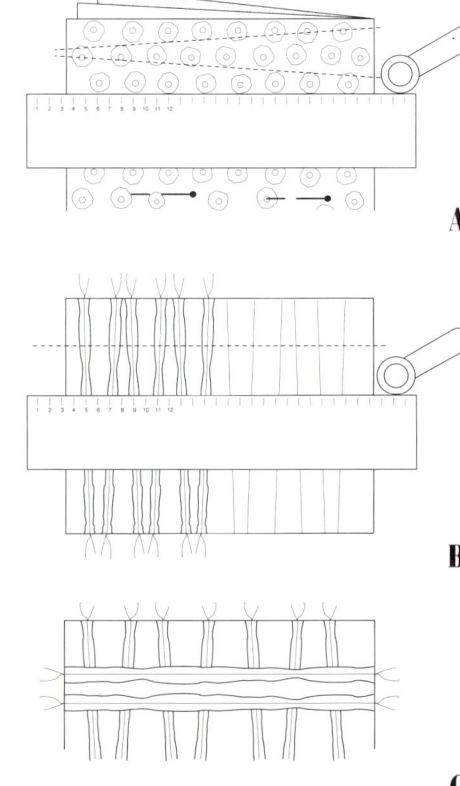

A

B

C

D

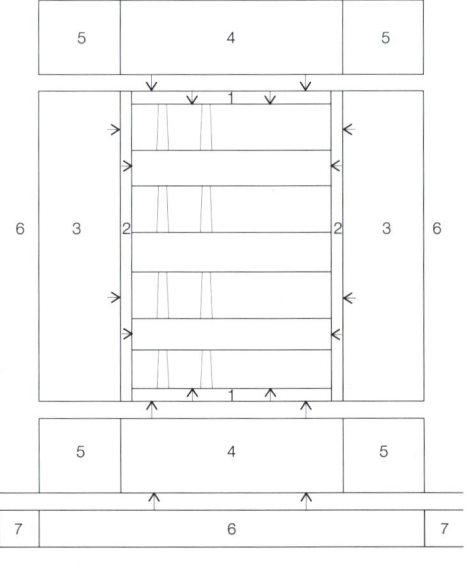

TISCHLÄUFER

Größe: ca. 43 x 92 cm
Muster: Quadrate mit schräg eingesetzten
            Streifen
10 violette Quadrate: 12 x 12 cm
Streifen in Blütenstoff: 3 cm breit
Violetter Rand: 4 cm breit
**(Die Randstreifenlänge ergibt sich aus dem
Umfang des Modells, vgl. S. 11)**
**Material: einfarbiger und gemusterter
smyrnafix-Patchworkstoff**

**Angegeben ist das Fertigmaß, für den
Zuschnitt kommen für jedes Teilstück
rundherum 0,75 cm hinzu.
Rechenbeispiel und -formel finden Sie auf
Seite 17.**

Arbeitsanleitung:

1. Den einfarbigen Stoff als 13,5 cm
breiten Streifen schneiden und zehn
Qudrate davon abteilen.
2. Jeweils 3-5 Quadrate paßgenau
übereinanderlegen und an zwei gegenüberliegenden Stellen 4 cm markieren (Zeichnung). Dann die Punkte mit
dem Schneidelineal verbinden und mit
dem Rollschneider durchschneiden.
3. Streifen aus Blütenstoff zuschneiden. Mit einem Überhang von ca.

1,5 cm den Streifen rechts auf rechts auf
ein Teil vom Quadrat nähen, dann das
andere Teil am Streifen ansetzen. Vor
dem Nähen unbedingt erst stecken und
prüfen, wo das 2. Teil angesetzt werden
muß. Nach dem Nähen müssen die
Kanten des einfarbigen Stoffes wieder
eine Linie bilden. Dann mit Hilfe des
Lineals alle genähten Teile begradigen
bzw. überstehende Streifenreste abschneiden, bügeln.
4. Erneut an den beiden anderen Seiten
4 cm markieren und den zweiten Streifen wie den ersten nähen. Bei diesem
Vorgang wird der erste Streifen optisch
etwas versetzt. Die Quadrate sind dann
fertig 15 x 15 cm groß.
5. Aus den Quadraten zwei Reihen zu

je fünf Stück legen. Zwischen die Quadrate Streifen nähen und sie so miteinander verbinden: erst zwischen die
Quadrate, dann zwischen beide entstandenen Reihen, dann rechts und
links, sowie oben und unten.
6. Der Läufer erhält einen weiteren
Rand aus vier Streifen in violett als Ab-
schluß.
7. Den Rückseitenstoff in Läufergröße
zuschneiden, rechts auf rechts legen
und rundherum bis auf eine Öffnung
steppen. Den Läufer wenden, die
Ecken herausarbeiten und die Öffnung
mit Handstichen schließen.
8. Den Läufer mit kleinen Reihstichen
entlang der Blütenkanten quilten, dabei wird die Rückseite mitgefaßt.

TIP:

Wenn der Läufer etwas fester werden soll, können Sie eine Lage Vlieseline mit einarbeiten.

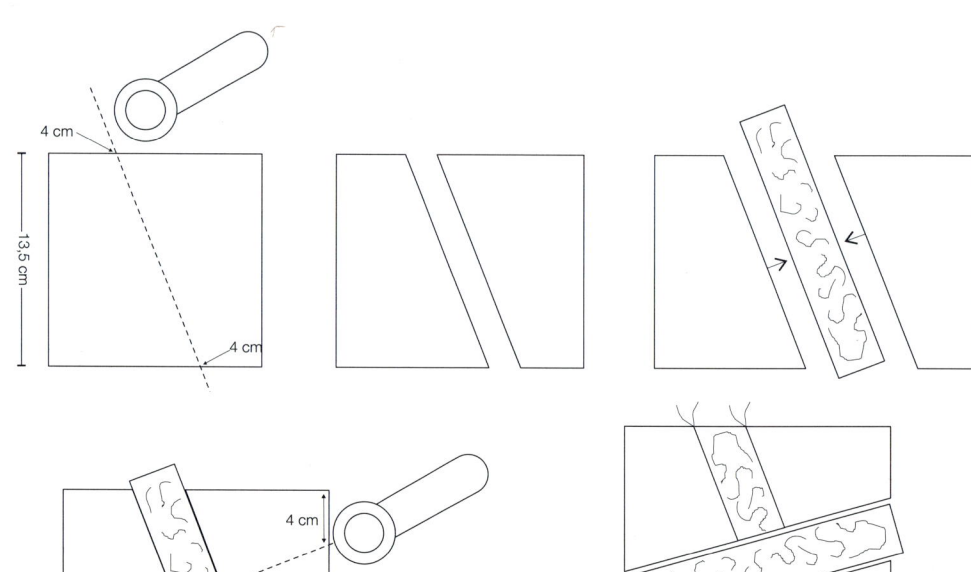

EINKAUFSTASCHE

Größe: ca. 43 x 54 cm
Muster: Quadrate
1 Quadrat: 9 x 9 cm
Musterbeispiele:
6 Streifen je 9 x 1,5 cm
oder
9 kleine Quadrate je 3 x 3 cm
Streifen und Henkel: Maße s. Zeichnung
Randstreifen: 5,5 cm (vgl. S. 11)
Material: verschiedene rot- und rosa-
gemusterte smyrnafix-Patchworkstoffe,
50 cm Polyestervlies, 160 cm breit,
Futterstoff, evtl. Schrägband

Arbeitsanleitung:
1. Zwölf verschiedene Quadrate einzeln arbeiten und dann zu einem
Block, 3 x 4 Stück, zusammennähen.
2. Erst rosa Streifen (i. d. Zeichnung 1,
1a), dann rot gemusterte Streifen (i. d.
Zeichnung 2, 2a) wie folgt annähen:
rechts, links, bügeln, unten, oben, bügeln.
3. Vorderseite, Vlies und Futterstoff
schichten, heften und nach Belieben
steppen oder mit der Hand quilten.
4. Rückseite, Vlies und Futter wie Vorderseite arbeiten.
5. Vorder- und Rückseite rechts auf
rechts an drei Seiten nähen. Nähte mit
Zickzack-Stich oder Schrägband versäubern, dann wenden und die obere
Kante mit Randstreifen (vgl. S. 11) ein-
fassen. Streifen annähen, nach innen
umlegen und mit der Hand an der
Naht festnähen.
6. Für die Henkel (i.d. Zeichnung 3)
den Vlies auf die linke Seite des Futter-
stoffs steppen, Stoffstreifen rechts auf
den Futterstoff legen, drei Seiten
nähen. Den entstandenen Schlauch
wenden, die offene Kante nach innen
schlagen und rundherum steppen. Den
Henkel innen an den Taschenrand
nähen.

BEUTEL

Größe: ca. 29 x 43 cm
Muster: Quadrate
1 Quadrat: 10 x 10 cm
Material: smyrnafix-Patchworkstoff,
Nesselrest, Vliesrest, Band

Angegeben ist das Fertigmaß, für den
Zuschnitt kommen für jedes Teilstück
rundherum 0,75 cm hinzu.
Rechenbeispiel und -formel finden Sie auf
Seite 17.

Arbeitsanleitung:

1. Vier gleiche Quadrate im Kettennähverfahren nähen, jeweils 1/4
drehen und dann zusammennähen.
2. Quadratstück mit Vlies und Nessel
schichten und steppen. An drei Seiten
Ränder (4,5 cm breit) nähen. Oben
Beutel zu seiner Größe ergänzen.
Rückseite wie Vorderseite zuschneiden, verstürzt an drei Seiten zusammennähen, oberen Rand säumen und
einen Tunnel einnähen.
Die Seitennähte des Tunnels öffnen
und ein Band einziehen.

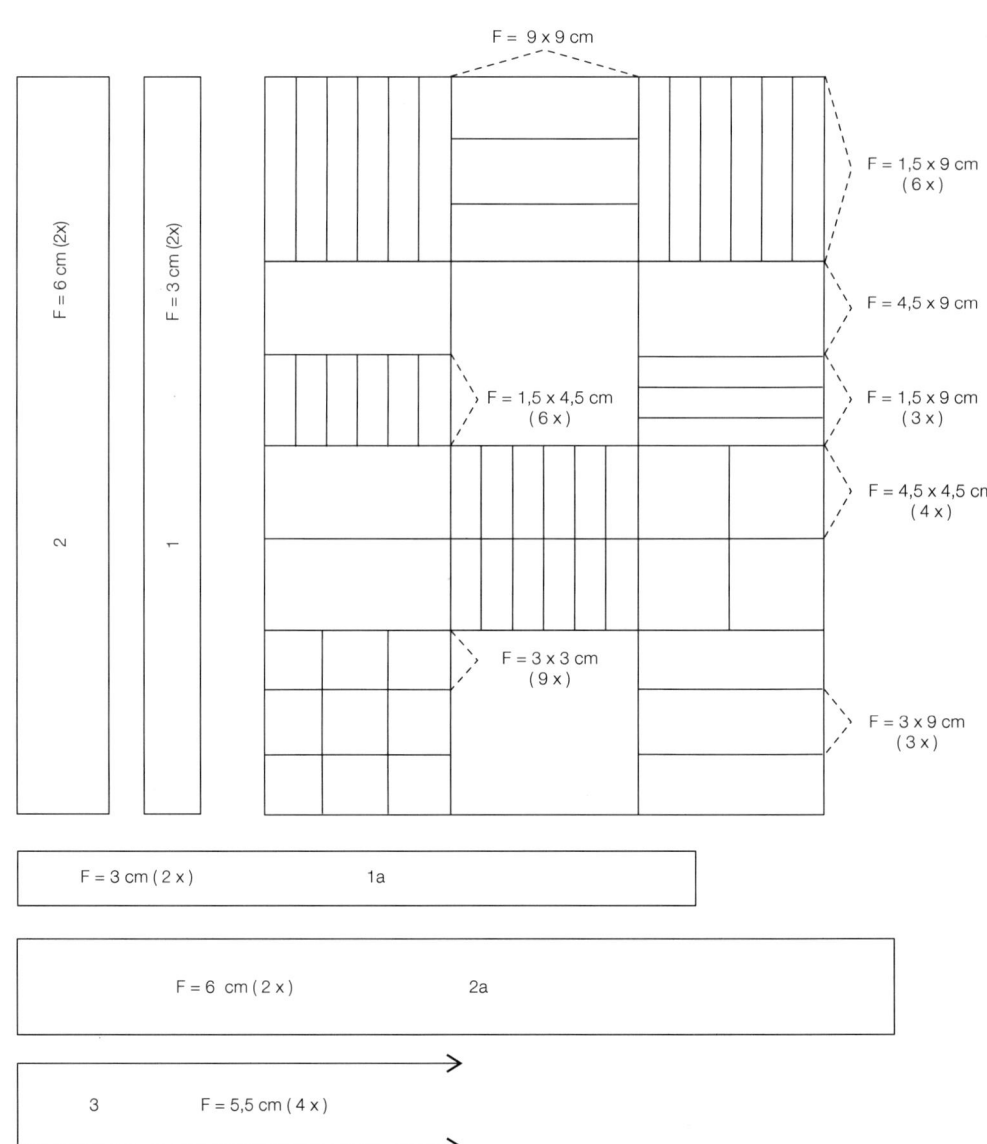

F = 9 x 9 cm
F = 1,5 x 9 cm (6 x)
F = 4,5 x 9 cm
F = 1,5 x 9 cm (3 x)
F = 4,5 x 4,5 cm (4 x)
F = 3 x 9 cm (3 x)
F = 1,5 x 4,5 cm (6 x)
F = 3 x 3 cm (9 x)
F = 6 cm (2x) 2
F = 3 cm (2x) 1
F = 3 cm (2 x) 1a
F = 6 cm (2 x) 2a
3 F = 5,5 cm (4 x)

WANDBILD

Größe: ca. 80 x 80 cm

Muster: Roman Stripe (römische Streifen)
(mehrfach einseitig
schräggestreifte Quadrate)

Besonderheit: Die Streifen werden als
Schrägstreifen geschnitten!

Quadrat mit schrägen Streifen: 20 x 20 cm

Schrägstreifen A, B, C, D: 3,5 cm breit,
E: 14 cm breit

Breiter Rand (2+3): 8 cm breit

Kleine Quadrate(4): 8 x 8 cm

Grüner Rand (5+6): 3,5 cm breit
(Die Randstreifenlänge ergibt sich aus dem
Umfang des Modells, vgl. S. 11)

Material: smyrnafix-Patchworkstoff, uni,
Rückseitenstoff, dünner Baumwoll- oder
Polyester-Vlies

Angegeben ist das Fertigmaß, für den
Zuschnitt kommen für jedes Teilstück
rundherum 0,75 cm hinzu.
Rechenbeispiel und -formel finden Sie auf
Seite 17.

Hinweis:

Wenn Quadrate von Ecke zu Ecke
schräg laufende Streifen erhalten, werden diese dafür schräg zum Fadenlauf
geschnitten und aneinandergenäht.
Werden die Quadrate dann zusammengenäht, verläuft der Fadenverlauf
wieder senkrecht und waagerecht. (Bei
kleinen Arbeiten, z. B. Kissen, können
die Streifen mit dem Fadenlauf geschnitten werden).

Mit Hilfe des Quadrat-Lineals (Bias
Square oder Quilters Ruler genannt)
geht das einfach. Zeichnung 1 zeigt,
wie Sie die Mittellinie an die gerade
Webkante legen müssen, um den
Schrägschnitt zu erhalten (Stoff nicht
doppelt legen!).

Wie auch immer die Anzahl oder Breite der Streifen im Quadrat ausfällt,
müssen an den beiden äußeren Streifen
hier 2,5 cm Naht zugegeben werden.

Arbeitsanleitung:

1. Mit dem Quadratlineal aus dem
Stoff Schrägstreifen schneiden (Zeichnung A).

Hier möglichst die ganze Stoffbreite
dafür nutzen und in der Reihenfolge
A–E zusammennähen (Streifenstück
mehrfach anfertigen).

2. Mit Hilfe des Quadratlineals die
Quadrate ausschneiden (Zeichnung B).
Die kleinen Quadrate aus den Resten
an der Seite schneiden (Zeichnung C).

3. Alle neun Quadrate zu einem großen zusammennähen, Randstreifen 2
und 3 in den zwei unterschiedlichen

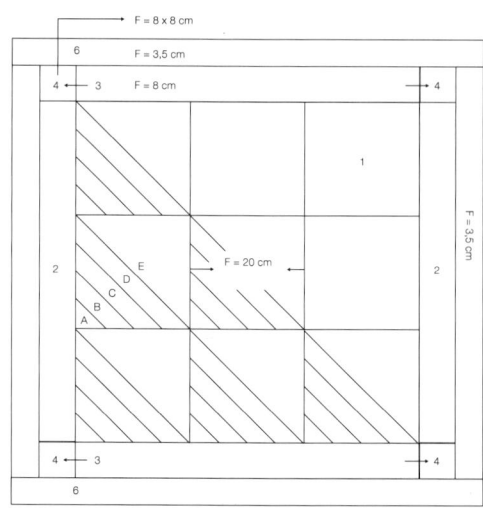

Farben schneiden und je einen davon
mit den kleinen Quadraten versehen.

4. Erst Ränder ohne, dann Ränder mit
kleinen Quadraten annähen. Das Wandbild mit weiterem schmalen Streifen
umrunden.

Vlies, Vorderseite und Rückseitenstoff
(letzterer rechts auf rechts) schichten
und am Rand bis auf eine Öffnung zusammennähen, dann wenden und die
Öffnung schließen. Das Wandbild heften und nach Belieben mit der Nähmaschine Stepplinien einarbeiten. Dazu
jeweils farblich passendes Garn verwenden.

5. Auf der Rückseite einen 5 cm breiten
Streifen als Tunnel aufnähen zum Auf-
hängen auf einer Stange.

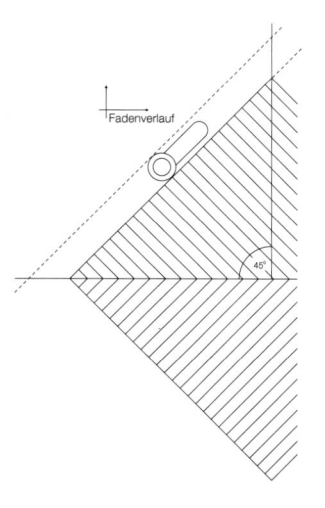

A

B

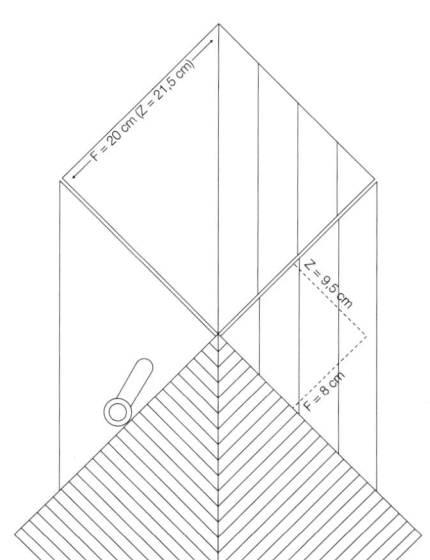

C

TISCHDECKE MIT QUILTMUSTER

Größe: ca. 95 x 95 cm

Muster: Blöcke aus Quadraten und Streifen

1 Block/Mittelquadrat: 24 x 24 cm

Quadrat 1: 12 x 12 cm

Quadrat 2 (auch Eckquadrate): 6 x 6 cm

Streifen für Streifenblöcke: 3 cm breit

Streifenblock aus 3, 4, 5, 6: 6 x 12 cm

Randstreifen: 5,5 cm breit

(Die Randstreifenlänge ergibt sich aus dem Umfang des Modells, vgl. S. 11)

Material: smyrnafix-Patchworkstoff, in fünf verschiedenen Unifarben, Patchworkstoff mit Blüten, Rückseitenstoff, dünnes Vlies, Quiltschablone

Angegeben ist das Fertigmaß, für den Zuschnitt kommen für jedes Teilstück rundherum 0,75 cm hinzu. Rechenbeispiel und -formel finden Sie auf Seite 17.

Arbeitsanleitung:

1. Die Tischdecke besteht aus neun Quadraten gleicher Größe. Das Mittelquadrat ist einfarbig, alle anderen sind als Block aus kleinen, mittleren Quadraten und Streifenblöcken (rechteckig) genäht.

Tip:
Wenn Sie zum Quilten Garn in einer Kontrastfarbe wählen, kommt das Muster besonders stark zur Geltung.

2. Für die Quadrate zunächst Streifen vom Stoff schneiden und die Anzahl der Quadrate abteilen.
Von Größe 1 brauchen Sie 12 Quadrate, von Größe 2 werden 32 Stück geschnitten (Zeichnung B).

3. Für die Streifenblöcke und den Rand nähen Sie jeweils vier Streifen in unterschiedlichen Farben aneinander. Diese Streifen schneiden Sie am besten in der gesamten Stoffbreite zu. Dann werden quer zu den Nähten Teilstücke für die Streifenblöcke und später für den Rand davon abgeschnitten. Teile mit vier Streifen mehrfach nähen.

4. Wie die Blöcke entstehen und zusammengenäht werden, zeigt die Zeichnung A:
Erst Streifenblöcke a+b an das Mittelquadrat nähen, dann Quadrat 2 an den Streifenblock (3–6) sowohl oben als unten annähen. Erst dann den Gesamtstreifen an das Mittelquadrat mit Strei-

fenblock setzen. Ein Quadrat oder Block ist fertig.

5. Die Blöcke nach der Zeichnung B erst Reihe für Reihe, dann die Reihen untereinander zusammennähen.

6. Nun 4 x Randstücke in Deckengröße aus zusammengenähten Streifen zuschneiden und an zwei von ihnen rechts und links Quadrate ansetzen. Zunächst den Randstreifen ohne Quadrate an zwei gegenüberliegenden Seiten ansetzen, dann die beiden Randstreifen mit Quadraten anfügen.

7. Rückseitenstoff und Vlies für die Tischdecke zuschneiden und diese schichten und heften. Mit einer Quiltschablone Muster aufzeichnen und mit Quiltstichen nachsticken.. Dabei die Rückseite mitfassen (mehr zum Quilten auf Seite 34).

8. Den Deckenrand begradigen und den Randstreifen rund um die Decke arbeiten.

A

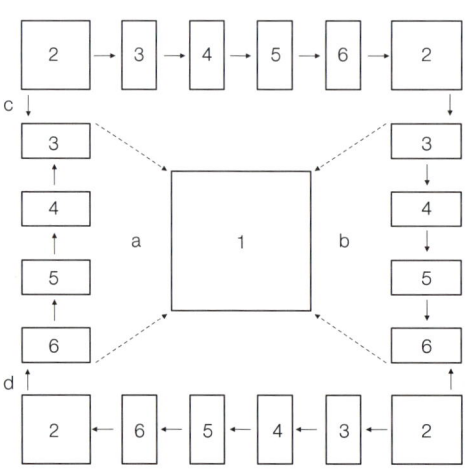

B

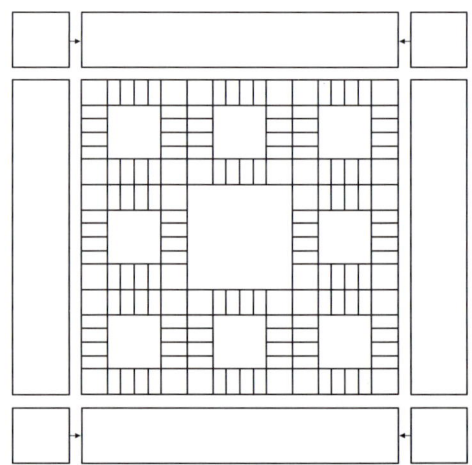

32

Das Quilten

Bei der Gestaltung von schönen Patchworkarbeiten kommt dem Quilten eine besondere Bedeutung zu: Mit einem Reihstich, der möglichst klein und gleichmäßig ausgeführt werden soll, werden Oberstoff, Einlage und Unterstoff miteinander verbunden. Ob Sie gerade Linien quilten, das Muster netzartig gestalten, Stoffmotive umranden und dadurch betonen, ist Ihrer Phantasie überlassen. Es gibt vielfältige Möglichkeiten, auf der Zeichnung sehen sie wenige Beispiele.

TIP:
Sie können Hand- und Maschinenquilten auch miteinander verbinden, indem Sie zum Beispiel gerade Kanten mit der Nähmaschine steppen und schöne Motive mit der Hand einquilten.

QUILTSCHABLONEN

Der Fachhandel bietet viele verschiedene Quiltschablonen an, große oder kleine, als Randmuster, Mittelmotiv, Ranken, Blüten, Ornamente oder als Flächenmuster. Mit dem Blei- oder Weißstift – je nachdem, ob der Stoff hell oder dunkel ist – zeichnen Sie die Muster auf den gespannten Stoff. Trickmarker, deren Farbe von selbst verschwindet, sind ebenfalls geeignet. Mit Plastikfolie, die milchig aussieht, können sie auch selbst Schablonen herstellen. Dazu zeichnen Sie die Muster auf und schneiden die Linien, in denen Sie zeichen, 2 mm breit aus. Umrißmotive, wie beispielsweise ein Herz oder einen Schmetterling, können auch aus Pappe angefertigt werden.

QUILTGARN, -NADEL UND MASCHINENQUILTEN

Quiltgarn – es ist besonders fest – erhalten Sie im Fachhandel in vielen verschiedenen Farbschattierungen. Sie können passend zum Stoff aber auch in einer Kontrastfarbe quilten. Man unterscheidet Hand- und Maschinenquiltgarn. Das Quilten mit der Nähmaschine erfordert ein wenig Übung und die Verwendung eines speziellen Quiltfußes (vgl. Anleitung zur Nähmaschine). Quiltnadeln sind kleine, kurze Nähnadeln, mit denen man besonders gut nähen kann, aber auch das ist eine Sache der Probierens.

QUILTSTICH UND -RAHMEN

Den Faden nicht länger als ca. 50 cm einfädeln (Schleißgefahr), am Ende verknoten. Ca. 1,5 cm neben dem 1. Stich ins Gewebe stechen und den Knoten vorsichtig einziehen. Dann Stich für Stich auf den vorgezeichneten Linien des Stoffes reihen. Bei dicken Stoffstellen (z. B. Naht) die Nadel beim Nähen von oben nach unten und wieder von unten nach oben führen usw... Zum Schluß den Faden zweimal um die Nadel wickeln, die Nadel durchziehen und den Knoten zum Gewebe schieben. Einen letzten Stich machen und dabei den Knoten wieder ins Gewebe ziehen.

Nine Patch

DAS MUSTER AUS NEUN QUADRATEN

DUFTKISSEN, NADELKISSEN UND KLEINE BEUTEL

Muster: Neun Quadrate (Nine-Patch)
Streifen: 1,5 cm oder jede andere Breite
Material: smyrnafix-Patchworkstoff, Vliesreste, Schleifenband

Angegeben ist das Fertigmaß, für den Zuschnitt kommen für jedes Teilstück rundherum 0,75 cm hinzu. Rechenbeispiel und -formel finden Sie auf Seite 17.

Arbeitsanleitung:

1. Um die Nine-Patch-Muster herzustellen, schneiden Sie den Stoff zweier Kontrastfarben oder -muster zunächst jeweils in drei Streifen gleicher Breite.
2. Nähen Sie die Streifen, wie Zeichnung A zeigt, jeweils zu einem neuen breiten Streifen aneinander. Dabei die Verteilung der Farben beachten!
3. Bei dieser Technik bügeln Sie beide Nähte zur dunkleren Stoffseite (Zeichnung B). So fügen sich die Nähte beim Nähen gut aneinander.
4. Von diesen Streifen schneiden Sie erneut Teilstücke ab (immer F-Maß +

TIP:
Werfen Sie Stoffreste und Reststreifen nicht weg, sondern sammeln Sie diese in einem Korb oder Kasten. Gerade für diese Technik können Sie oft kleine Streifenreste, auch kunterbunt, zusammennähen und reizvolle kleine Arbeiten daraus gestalten.

1,5 cm Nahtzugabe). Ob die Teilstücke für Quadrate oder für Rechtecke geschnitten werden, hängt von dem Muster ab, das gearbeitet werden soll. Sind alle Streifen gleich breit, können Sie Muster damit zusammenfügen, in denen Rechtecke und Quadrate kombiniert werden (Zeichnung C zeigt die Kombination von Streifen, Quadraten und Nine-Patch).
5. Ist das Nine-Patch-Stück fertig (Sie können auch vier oder mehr Stück davon zusammennähen), wird es durch breite oder schmale Streifen beliebig vergrößert. Nähen Sie zuerst die eine Seite, dann die gegenüberliegende usw. (Zeichnung D).
6. Die Nine-Patch-Technik läßt sich natürlich auch abwandeln in 16-Patch (4 x 4) oder in 25-Patch (5 x 5) usw.
7. Für das Herznadelkissen ein Stück in der Größe ca. 14 x 16 cm arbeiten. Mit einer Pappschablone (Zeichnung E) die Form ausschneiden und ein zweites Stück Stoff für die Rückseite zuschneiden. Beide Teile rechts auf rechts – bis auf eine Öffnung – zusammennähen, wenden, mit Vliesresten ausstopfen und die Öffnung mit Handstichen schließen.
8. Für die Beutel die Vorderseite in der gewünschten Größe arbeiten, mit einer Rückseite an drei Seiten verstürzt zusammennähen, wenden und die obere Kante säumen. Mit duftenden Kräutern, einem guten Stück Seife, kleinen Geschenken oder Süßigkeiten füllen. Eine hübsche, farblich passende Schleife ergänzt diese Arbeit.

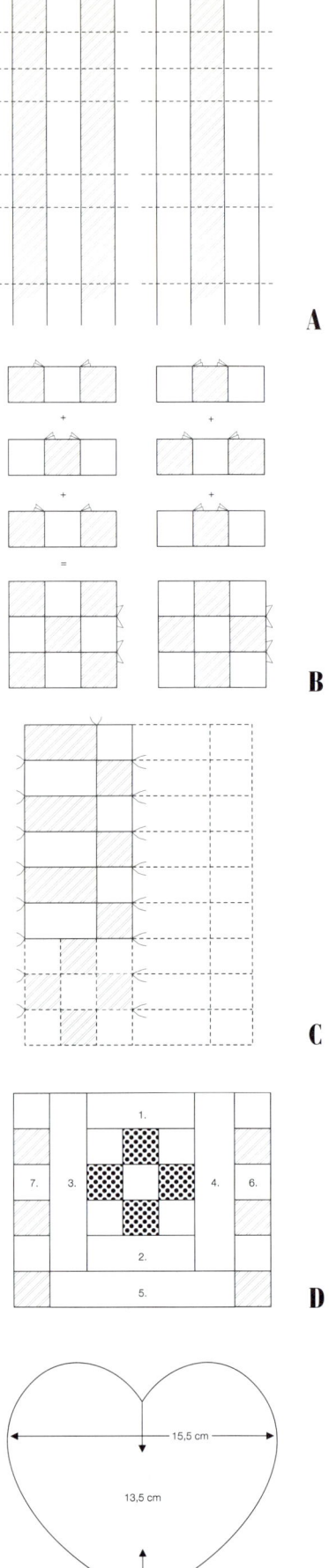

A

B

C

D

E

SCHÜRZE

Muster: Quadrat- und Streifen-Patchwork kombiniert

Streifen: 3 cm breit

Teilstück für Quadrate: 3 cm breit

Teilstück für Rechtecke: 6 cm lang

Material: Baumwollstoff für die Schürze, dreierlei smyrnafix-Patchworkstoffe für das Muster

Angegeben ist das Fertigmaß, für den Zuschnitt kommen für jedes Teilstück rundherum 0,75 cm hinzu. Rechenbeispiel und -formel finden Sie auf Seite 17.

Rechenbeispiel und -formel finden Sie auf Seite 17.

TIP:

Damit zwischen Schürze und Patchworkstoff eine Verbindung entsteht, können an zwei bis drei Stellen in den Nähten Reihstiche mit der Hand oder mit der Maschine genäht werden.

Arbeitsanleitung:

1. Zunächst alle Patchworkteile vorbereiten. Dazu Streifen in Stoffbreite und angebenem Z-Maß zuschneiden. Dabei folgende Farbkombinationen beachten und als Streifen aneinandernähen:

A: (zweimal) rot – hellgrün – rot – hellgrün - rot

B: (einmal) dunkelgrün – rot – dunkelgrün – rot – dunkelgrün

2. Von der ersten Farbfolge werden Teilstücke für Quadrate und Rechtecke geschnitten. Von der zweiten Farbfolge nur Stücke für Quadrate (immer die Nahtzugabe beachten).

3. Diese werden wie folgt reihenweise aneinandergenäht:

1. rot – hellgrün – rot – hellgrün usw. (Rechtecke)

2. dunkelgrün – rot – dunkelgrün usw. (Quadrate)

3. wie 1. (Quadrate)

4. wie 2. (Quadrate)

Diese Folge 5x wiederholen und eine Reihe Rechtecke ansetzen (für C). Für Teil B ebenso vorgehen.

4. Schürzenteile nach dem Zuschneideplan aus dem Stoff schneiden:

A = Schürze, B = Latzbordüre, C = Bordüre unten, D = Besatzstreifen, E = Tasche und Futter, F = Bindebänder für Latz, G = Bindeband rechts und links.

5. Teil B und C mit der rechten Seite auf die linke Schürzenseite entlang der Kanten legen, oben und unten nähen, dann nach vorn klappen, die Kanten, 0,7 cm nach innen umlegen, bügeln und an die Schürze steppen.

6. Teil Da und Db halbieren und die Ecken abnähen und abschneiden. Das entstandene Winkelstück rechts auf rechts auf die Schürze steppen (vgl. markierte Linien auf der Schürze). Überstehende Teile einklappen, nach hinten umlegen und mit kleinem Saum an die Schürzenrückseite nähen.

7. Die Schürze rechts und links säumen.

8. Bindebänder Ga + Gb sowie Fa + Fb der Länge nach rechts auf rechts falten und eine kurze und eine lange Seite nähen, dann wenden und knappkantig rundherum steppen.

9. Die Bänder jeweils an die markierte Stelle nähen.

10. Aus den Reststücken des Patchworkstoffes die Tasche mit Futter E füttern. Dafür das Futter rechts auf rechts rundherum nähen, eine kleine Öffnung lassen, wenden und an drei Seiten auf die Schürze steppen.

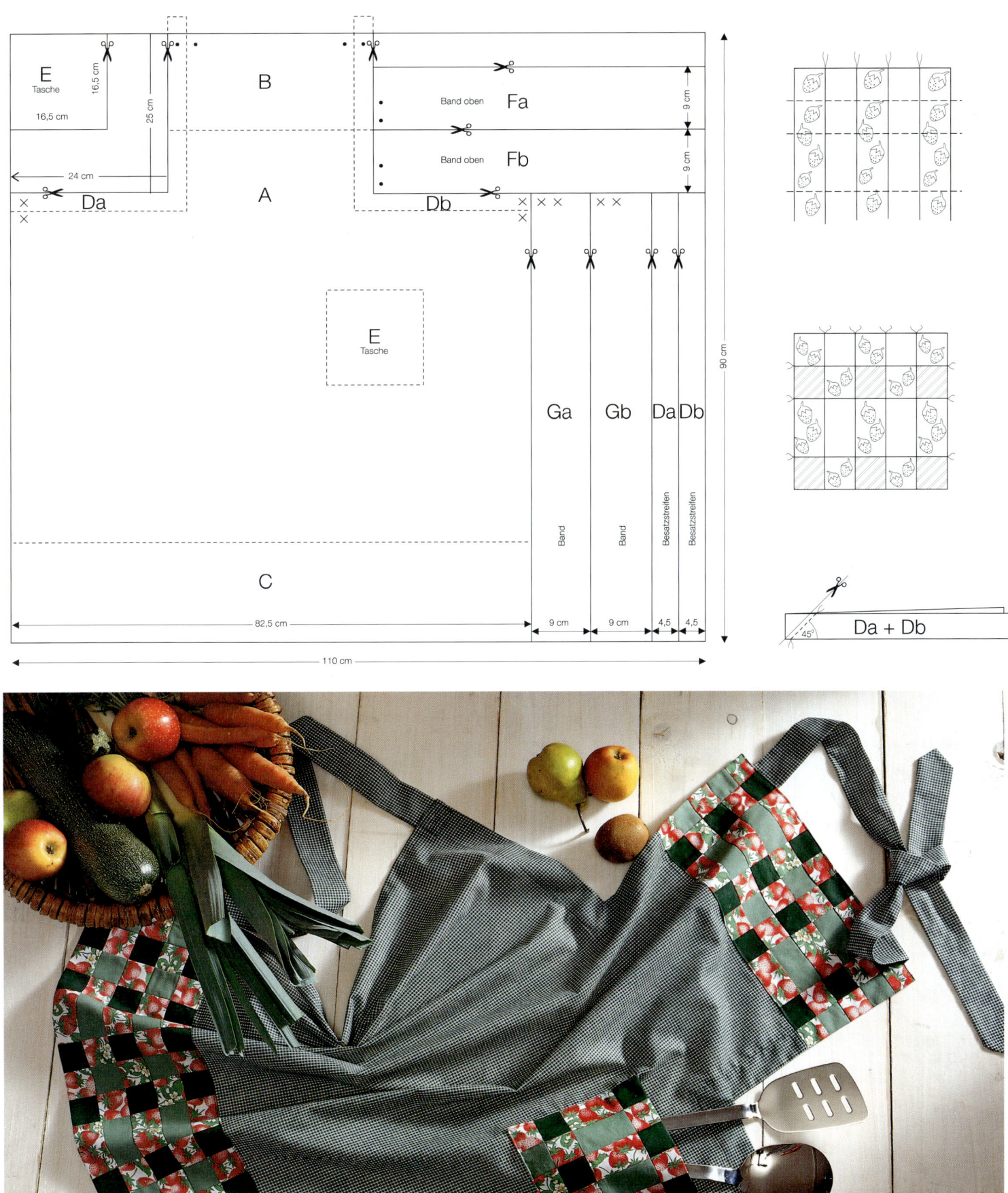

E
Tasche
16,5 cm
16,5 cm

B

25 cm

Band oben   Fa

9 cm

Band oben   Fb

9 cm

24 cm

Da

A

Db

Ga   Gb   Da Db

E
Tasche

Band   Band   Besatzstreifen   Besatzstreifen

C

82,5 cm

9 cm   9 cm   4,5   4,5

110 cm

90 cm

45°   Da + Db

BRIEFMAPPE

Größe: ca. 23 x 30 cm

Muster: Motivquadrat mit 16-Patch (Schachbrettmuster) bunt gemixt

Streifen/Quadrate: 3 cm breit

Quadrate: 12 x 12 cm

Angesetzte Streifen: 3 cm und 4 cm breit

Rücken: 5 cm breit

Material: 2 Stück feste Pappe, 23 x 30 cm, verschiedene smyrnafix-Patchworkstoff-Reste, Vlies, Klebstoff, 2 Stück bunten Karton für innen, Fensterschablone (selbstgemacht) für Motivsuche (vgl. S. 13)

Angegeben ist das Fertigmaß, für den Zuschnitt kommen für jedes Teilstück rundherum 0,75 cm hinzu. Rechenbeispiel und -formel finden Sie auf Seite 17.

Arbeitsanleitung:

1. Zunächst nähen Sie vier bunte Reststreifen in unterschiedlichen Anordnungen zusammen. Dann schneiden Sie jeweils quer Streifen ab. Diese Streifen nähen Sie so wieder aneinander, daß keines der Quadrate auf ein gleichfarbiges trifft. Schon bei zwei verschiedenen Streifenanordnungen ist das problemlos möglich. Vier der quer geschnittenen Stücke ergeben zusammengenäht ein Quadrat (vgl. S. 36).

2. Mit Hilfe einer selbstgemachten Quadratschablone (Z-Maß ausschneiden) suchen Sie aus einem Stoff ein besonders schönes Motiv aus.

3. An dieses Motiv nähen Sie die beiden 16-Patch-Quadrate. Rechts und links wird das entstandene Motiv mit Streifen ergänzt (Zeichnung).

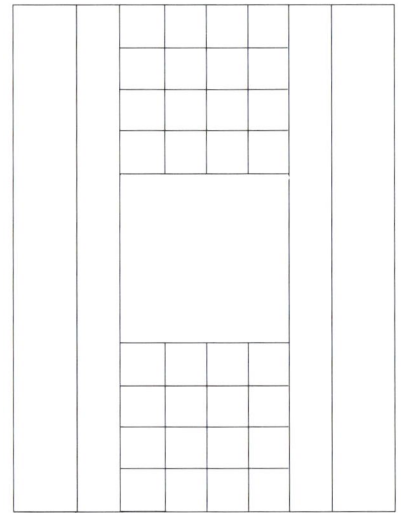

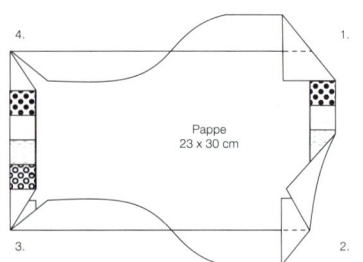

Zeichnung A:
Patchworkstoff mit der rechten Seite nach unten legen. Pappe mit einer Schicht Vlies bekleben und mit der Vliesseite auf den Stoff legen. Die Kanten der Pappe mit Klebstoff bestreichen und überstehenden Stoff an jeder Ecke in den Schritten 1–4 falten und festkleben. Die 2. Pappe für die Briefmappenrückseite (mit gleichem Stoff wie Motiv) ebenso beziehen.

Zeichnung B:
Für den Mappenrücken einen Stoffstreifen, oben und unten 3 cm länger als die Pappen, zuschneiden. Die Seiten 1 cm nach innen umschlagen, festkleben. Beide mit Stoff bezogenen Pappen rechts und links auf den Streifen kleben. Den überstehenden Rücken nach innen schlagen und verkleben.

Zeichnung C:
Ein zweiter Streifen in der Länge und Breite des Rückens wird von innen über Pappe und Rücken geklebt.

TIP
Wollen Sie in der Mappe auch eine Tasche haben, beziehen Sie einen Karton zur Hälfte mit Stoff. Dabei den Stoff um den Karton legen und die Kanten auf der Rückseite festkleben, dann in die Mappe kleben.

Zeichnung D:
Zwei bunte Kartons, 22 x 29 cm groß, werden als Futter innen in die Mappe geklebt. Evtl. ein Halteband für einen Briefblock und ein Bindeband gleich mit einarbeiten.

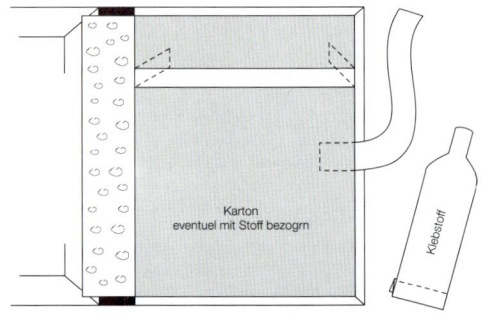

Runde Schachtel

Größe: 20 cm Ø, 9 cm hoch
Muster: für Patchwork: Nine-Patches
(Schachbrettmuster)
Streifen: 2 cm breit
Umrandung 1: 1 cm breit
Umrandung 2: 4,5 cm breit
Material: ein Pappschachtelrohling, rund
Ø 20 cm, etwas Klebstoff, der fürs Kleben

von Stoff auf Pappe geeignet ist (evtl. Buchbinderleim), smyrnafix-Patchwork-stoff, Vliesrest

Arbeitsanleitung:
Vorbereitung für den Deckel:
Nach der Anleitung für Nine-Patch

(vgl. Zeichnung S. 36) jeweils 2 x 2 Quadrate (6 x 6 cm) aus Streifen arbeiten. Erst zwei der Quadrate zu einem Block, dann alle vier zu einem Quadrat zusammennähen, Größe der Quadrate: 12 x 12 cm. Nun an allen vier Seiten Umrandung 1, dann Umrandung 2 annähen.

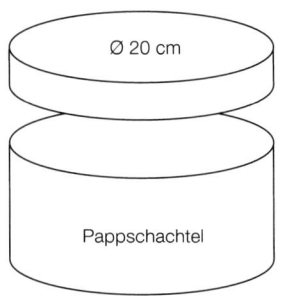

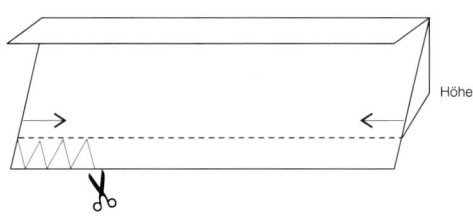

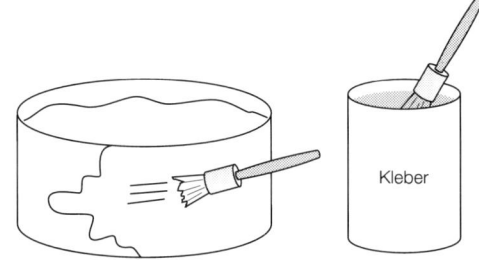

Zeichnung A:
Zunächst die Schachtel öffnen und alle Teile, wie Durchmesser, Rand, Höhe usw., abmessen und notieren. Mit den notwendigen Nahtzugaben, Überlappungen und Umschlägen Stoffgrößen ausrechnen.

Zeichnung B:
Aus zum Deckelstoff passendem Baumwollstoff den äußeren Bezug arbeiten. Größe: Schachtelumfang + 1 cm x Höhe + Umschlag oben und unten, ca. 1,5 cm

Zeichnung C:
Mit einem Pinsel den Klebstoff dünn auf die Schachtelaußenseite streichen (Klebstoff nicht auf die Stoffflächen auftragen!). Das muß zügig gemacht werden, da der Klebstoff rasch trocknet.

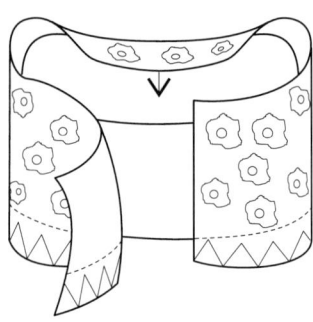

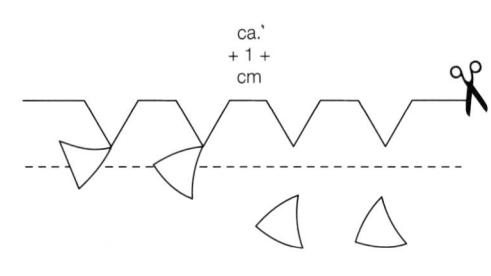

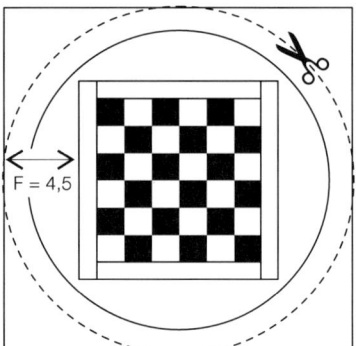

Zeichnung D:
Den Stoff so um den Schachtelkörper kleben, daß oben und unten ein Rand übersteht. Überlappenden Stoff mit ganz wenig Kleber festdrücken. Dann den oberen Rand der Schachtel innen mit Klebstoff bestreichen, den überstehenden Stoff innen umlegen, fest andrücken, dann trocknen lassen

Zeichnung E:
Den unteren überstehenden Stoff zackig einschneiden, dabei nicht ganz bis an den Rand gehen. Den Rand des Schachtelbodens mit Klebstoff versehen und den Stoff Zacke für Zacke festkleben.

Zeichnung F:
Den vorbereiteten Patchworkstoff für den Deckel rund ausschneiden. Größe: Deckeldurchmesser + 1,5 cm für Zacken. Auch hier die Zacken etwa 2 mm vom Rand entfernt einschneiden. Durchmesserrand evtl. mit Stift markieren.

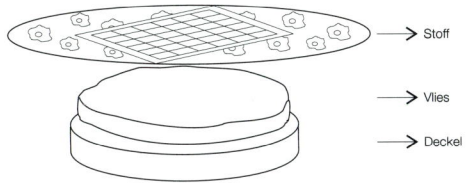

→ Stoff

→ Vlies

→ Deckel

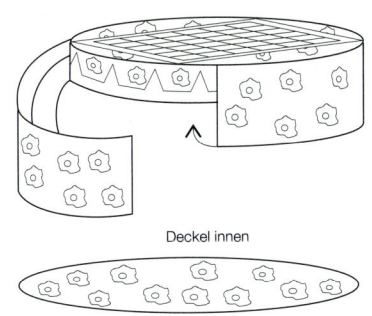

Deckel innen

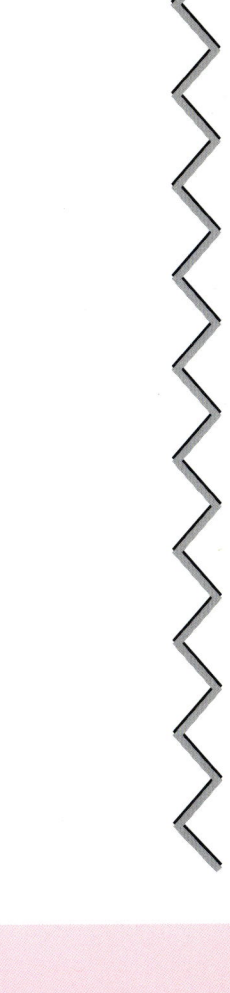

Zeichnung G:

Einen Vliesrest rund schneiden, ca. 1 cm kleiner als der Deckeldurchmesser. Mit wenig Klebstoff auf dem Deckel befestigen. Deckelrand mit Klebstoff bestreichen. Den Patchworkstoff so auflegen, daß das Quadrat mit den Ecken bis zum Rand reicht. Dann jeweils gegenüberliegende Stoffzähnchen so spannen und am Rand festkleben, daß die Deckeloberseite eine leicht gepolsterte Form behält. Die Spannung darf beim Kleben nicht zu stark sein.

Zeichnung H:

Den Stoff für den Deckelrand außen zuschneiden, Größe: doppelte Deckelhöhe + 1 cm Umschlag. Am äußeren Deckelrand erneut Klebstoff dünn auftragen. Die obere Stoffkante umschlagen (evtl. mit etwas Klebstoff fixieren), dann um den Deckelrand kleben, so daß alle Zähnchen verschwinden und der Rand sauber aussieht. Nun den inneren Deckelrand mit Klebstoff bestreichen und den restlichen überstehenden Stoff nach innen umlegen und fest andrücken. Aus restlichem Stoff einen Kreis für den Deckel innen schneiden und ebenfalls einkleben.

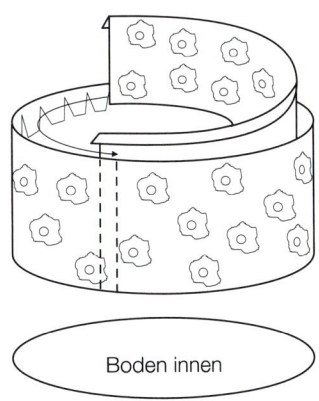

Boden innen

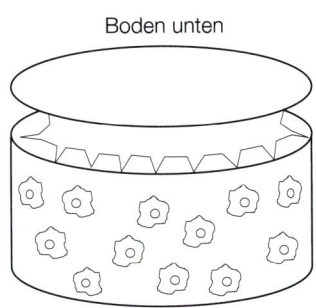

Boden unten

Zeichnung I:

Stoff zum Auskleiden der Schachtel wie folgt zuschneiden: Innerer Umfang + 1 cm x innere Höhe + 1,5 cm Umschlag. Die Höhe knapp kalkulieren. Die Schachtel innen dünn mit Klebstoff auspinseln, den Umschlag mit etwas Klebstoff fixieren und den Stoff in die Schachtel setzen.

Zeichnung J:

Den Boden aus Stoff schneiden und ebenfalls einkleben. Den äußeren Boden aus Stoff schneiden, so groß, daß er alle Zähnchen vom Schachtelmantel verdeckt. Schachtel und Deckel vor Gebrauch gut durchtrocknen lassen.

Tip:

Wer mag, kann auch die Schachtelummantelung mit Patchworkmuster versehen, z.B. in Streifen längs oder quer.

Nach diesem System werden aus kleinen und großen, runden und ovalen oder eckigen Schachteln tolle Geschenke für jede Gelegenheit.

Log Cabin

DAS BLOCKHAUS-MUSTER

Nach amerikanischer Tradition haben alle Patchworkmuster einen Namen. Log Cabin (engl.: Blockhaus) erinnert an den Aufbau eines Blockhauses. Das Mittel-Quadrat, das früher rot gestaltet war, symbolisierte das wärmende Feuer. Das klassische Log Cabin entsteht aus einem Quadrat, groß oder klein, an das jeweils an zwei Seiten helle und dunkle Stoffe in Streifen genäht werden. Alter-

nativ können auch Farbkontraste gewählt werden.

Die Stoffe an beiden Seiten sollten immer zu einer Farbfamilie gehören, z. B. Gelbtöne (hell) zu Blautönen (dunkel) oder Rosatöne zu Dunkelgrautönen. Die Kontrastfarben des Farbkreises (Komplementärfarben) bieten eine gute Hilfe bei der Zusammenstellung der Farben.

Auf den Zeichnungen sind nur einige

Beispiele für die Musterbildung des Blockhauses angedeutet. Wer mit diesem Muster experimentieren will, kann sich, um die Wirkung zu prüfen, auf Rechenpapier das Muster vereinfacht aufzeichnen, als Einzel-, Vierer- oder Sechserblock, mit kleiner oder großer Mitte, mit schmalen oder breiten Streifen, gemustert oder einfarbig.

Sollen sich bei einer Log-Cabin-Arbeit

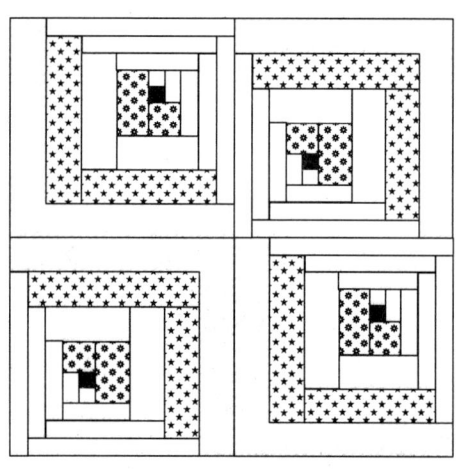  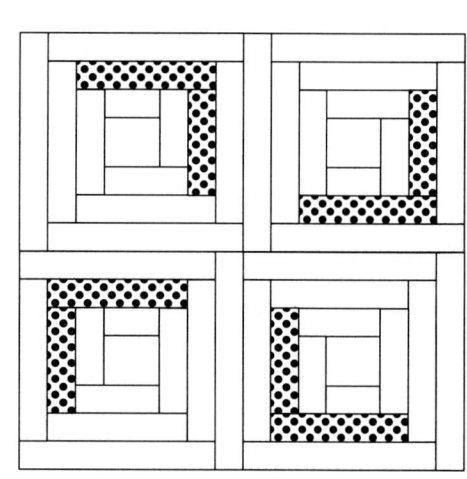

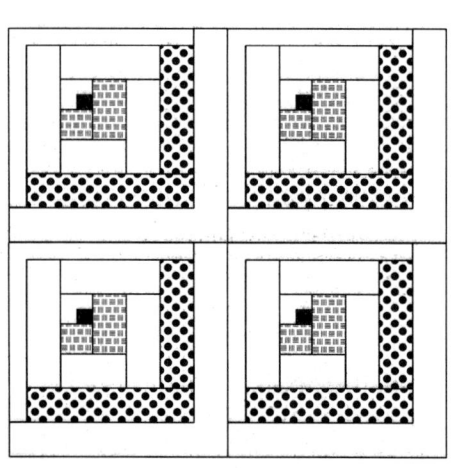 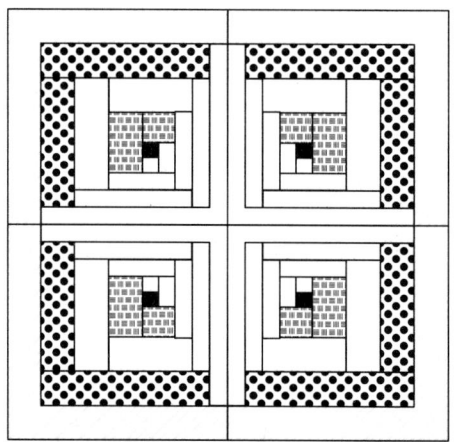 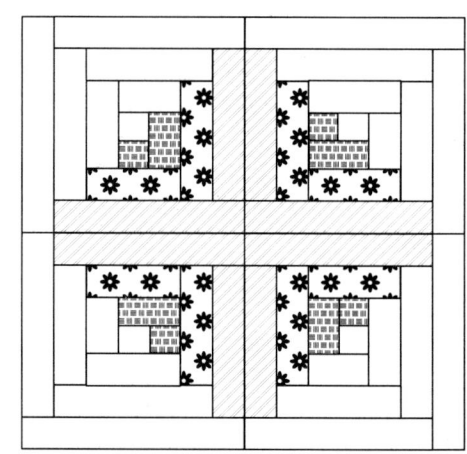

einzelne Quadrate oder Gruppen voneinander abheben, können Sie einfarbige Streifen um jedes Quadrat oder auch zwischen die Blockgruppen arbeiten. Auf jeden Fall sollten Sie, sobald Sie viele Log-Cabins genäht haben, erst einmal damit spielen und viele Muster legen, bevor Sie sich für eine endgültige Variante entscheiden.

Variationen für Log Cabin:

1. Eine Ecke schmale, eine Ecke breite Streifen, dadurch entstehen geschwungene Linien.

2. Änderung des Musters durch kleine oder größere Quadrate. (So ist auch eine Maßveränderung leicht möglich.)

3. Sind in jeder Ecke schmale und breite Streifen, verändert sich der Block in ein Rechteck.

4. Quadrat in eine Ecke, Log-Cabin-Streifen nach einer Seite, z.B. von hell nach dunkel.

5. Kombination von rechteckigen und quadratischen Blöcken bei entsprechender Berechnung (Zeichnung A).

6. Bei der Anordnung vieler Blöcke in hell-dunkel entstehen reizvolle, großflächige Muster (Zeichnung B, vereinfacht dargestellt).

A

B

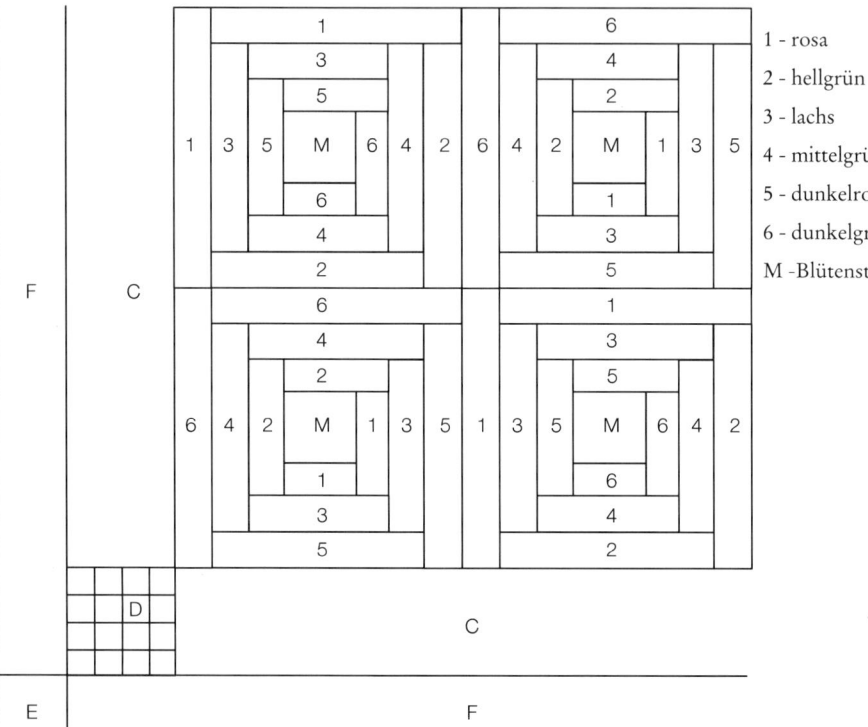

1 - rosa
2 - hellgrün
3 - lachs
4 - mittelgrün
5 - dunkelrot
6 - dunkelgrün
M - Blütenstoff

PLAID UND KISSEN

Größe des Plaids: ca. 125 x 125 cm

Größe des Kissens: ca. 45 x 45 cm

Muster: Blockhaus (Log Cabin)
2 verschiedene Quadrate

Zeichnung:

Mitte M: 9 x 9 cm

Streifen 1 - 6: 2,5 cm breit

Blütenrand C: 9 cm breit

Schachbrett D: 9 x 9 cm

Streifen: 2,25 cm breit

Kleines Quadrat E: 5 x 5 cm

Grüner Rand F: 5 cm breit

Randstreifen: ca. 6 cm breit
(Die Randstreifenlänge ergibt sich aus dem Umfang des Modells, vgl. S. 11)

Material: smyrnafix-Patchworkstoff (Blüten, auch für die Rückseite, drei Grüntöne, drei Rottöne), Vlies (130 x 160 cm), Nessel für Kissen zum Quilten

Angegeben ist das Fertigmaß, für den Zuschnitt kommen für jedes Teilstück rundherum 0,75 cm hinzu.
Rechenbeispiel und -formel finden Sie auf Seite 17.

Arbeitsanleitung:

1. Quadrate (aus einem breiten Streifen aus Blütenstoff) und Streifen in Rot- und Grüntönen zuschneiden.

2. Nach der Zeichnung (s. unten) erst 1, dann 1a in Rot nähen, dann 2 und 2a in Grün usw. Die Farbfolge entnehmen Sie der Zahlenanordnung auf der Zeichnung oben. Sie nähen von jeder Quadratsorte acht Stück.

3. Die fertigen Log-Cabins so auf einer Fläche auslegen, daß die schräg durchlaufenden roten und grünen Bänder in der Decke entstehen, dann die Quadrate Reihe für Reihe untereinander zusammennähen.

4. Das Schachbrettquadrat nähen und jeweils rechts und links an den Randstreifen nach Maß nähen.

5. Kleine Quadrate E annähem.

6. Erst Streifen rechts und links an die Decke nähen, dann den Streifen mit angesetzten Quadraten.

7. Rückseitenstoff und Vlies 2–3 cm größer als die Decke schneiden (bei schmalerer Stoffbreite Stoff ansetzen). Decke, Vlies und Rückseite schichten und heften. Die Decke mit farblich passendem Garn im Zick-Zack-Verlauf des roten und grünen Streifens mit der Nähmaschine quilten. Den grünen Rand mit Zacken quilten.

8. Randstreifen (vgl. S.11) um die Decke nähen und so versäubern.

KISSEN

Für das Kissen alle restlichen Streifenstücke in gleicher Breite aneinandernähen. Diesen Streifen rundherum um das Quadrat im Log-Cabin-Verfahren annähen. So entsteht das ungeplante Muster. Die Kissenplatte mit Vlies und einem Stück Nessel schichten, heften und rund quilten. (Teller in verschiedenen Größen zum Zeichnen der Kreise verwenden.) Nach dem Quilten die Rückseite (Hotelverschluß vgl. S. 23) rechts auf rechts auf die Kissenplatte nähen und wenden.

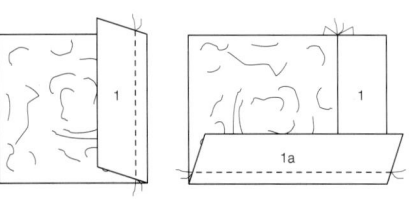

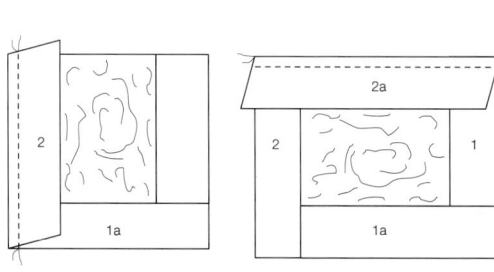

ABENDTASCHE

Größe: ca. 21 x 39 cm

Muster: Log Cabin (versetztes Zentrum durch verschieden breite Streifen)

Mittelquadrat (Stern oder Mond oder anderes Motiv): 4 x 4 cm

Streifen: 1 cm breit

Streifen: 2 cm breit

Material: Zweigart-Damast, Mittelmotive aus Brokat-Damast, Polyestervlies, Futterstoff, Ripsband (4 cm breit, 210 cm lang)

Angegeben ist das Fertigmaß, für den Zuschnitt kommen für jedes Teilstück rundherum 0,75 cm hinzu.

Rechenbeispiel und -formel finden Sie auf Seite 17.

Arbeitsanleitung:
Die Tasche besteht aus zwei großen Quadraten, die im Log Cabin genäht werden, aber mit unterschiedlich breiten Streifen.

B

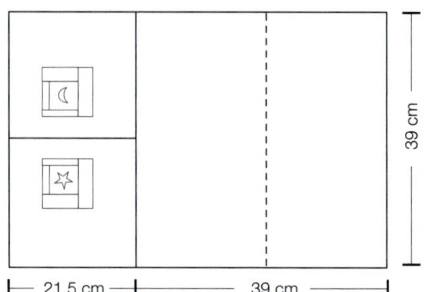

├── 21,5 cm ──┤── 39 cm ──┤   39 cm

TIP
Je mehr die Tasche gesteppt oder gequiltet ist, desto fester wird sie.

1. Nach dem Schema der Zeichnung A nähen Sie zunächst die Streifen 1 und 1a an das Mittelquadrat, dann folgen die breiteren Streifen 2 und 2a. Nach dem Annähen jedes Streifens muß gebügelt werden. Sie können beide Quadrate im Kettennähverfahren arbeiten. Danach werden sie so zusammengenäht, daß die schmalen Streifen in der Mitte und oben liegen.

2. Die Vorderseite der Tasche mit Stoff zur gesamten Größe ergänzen (B).

3. Vlies und Futter (1 cm größer) zuschneiden, schichten, heften und nach Belieben mit der Maschine steppen oder mit der Hand quilten.

A

4. Den Rand sauber schneiden und auf der Vorderseite, 0,5 cm vom Rand, Ripsband knappkantig aufsteppen. Die Ecken wie bei Randstreifen (vgl. S. 11, aber nicht doppelt) arbeiten, das Ripsband nach hinten umlegen und mit kleinen Handstichen an der Naht festnähen.

5. Taschenteil ca. 1/3 einschlagen und die Ripsbandkante mit kleinen sauberen Handstichen an der Kante zusammennähen. Evtl. in der vorderen Mitte Druckknopf annähen.

6. Zum Tragen der Tasche können Sie auch innen rechts und links eine passende Kordel einarbeiten.

[Diagram A: Log Cabin pattern with numbered strips. Reading from center outward: "Stern oder Mond" in the middle, horizontal strips numbered 11, 9a, 7a, 5a, 3a, 1a above and 2a, 4a, 6a, 8a, 12 below; vertical strips numbered 9, 7, 5, 3, 1 on left and 2, 4, 6, 8, 10 on right. Measurements: F = 1 cm, F = 2 cm, F = 4 cm, 21,5 cm (height), 19,5 cm (width)]

48

SET MIT EIERHÜTCHEN

Größe: Set: 52 x 41 cm

Hütchen: 10 x 11 cm

Muster: Log Cabin - Eckquadrat

Set:

Quadrat (Zeichnung Motiv): 3,5 x 3,5 cm

Streifen 1 und 1a: 1 cm breit

Streifen 2 und 2a: 1,5 cm breit

Streifen 3 und 3a: 2 cm breit

Streifen 4 und 4a: 2,5 cm breit

Ergänzungsstreifen: wie 4 und 4a

Hütchen:

Quadrat: 3,5 x 3,5 cm

Streifen 1–10: 1 cm breit

Streifen 11 (Dach): 2,5 cm breit

Material: smyrnafix-Patchworkstoff mit Motiven und uni, (auch für die Rückseite des Sets), Vliesreste

Angegeben ist das Fertigmaß, für den Zuschnitt kommen für jedes Teilstück rundherum 0, 75 cm hinzu.

Rechenbeispiel und -formel finden Sie auf Seite 17

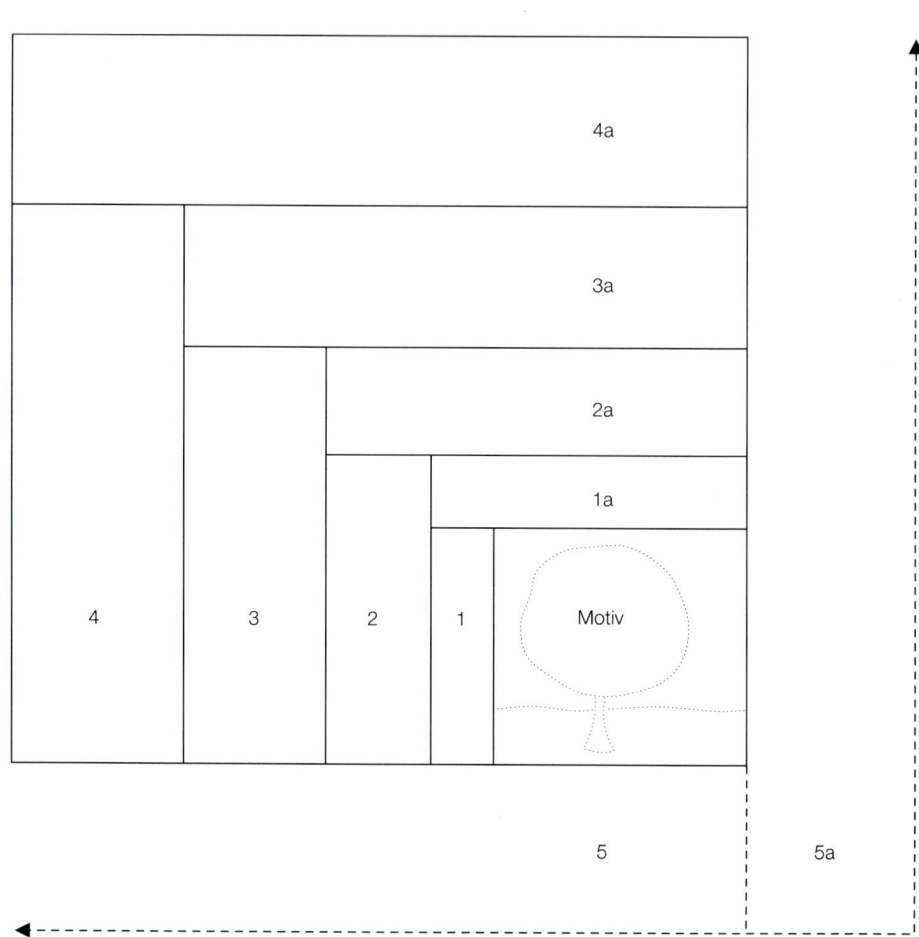

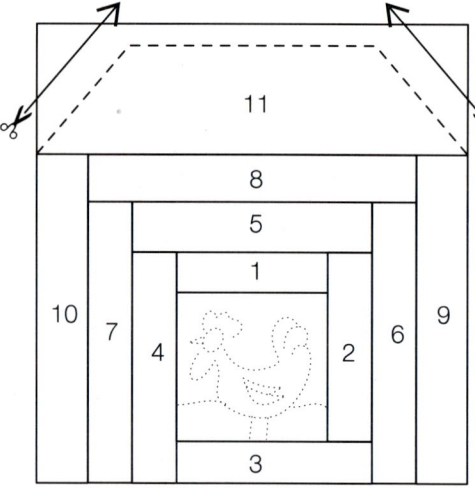

TIP:

Wollen Sie die Sets quilten, halbieren Sie den dicken Vlies und steppen ihn vor dem verstürzten Nähen auf die Innenseite des Futters. Nach dem Wenden das Set nach Belieben mit der Hand quilten.

Arbeitsanleitung:

Set:

1. Zwölf Quadrate mit Hilfe einer Fensterschablone aus dem Motivstoff ausschneiden (Seite 13).

2. Streifen in unterschiedlicher Breite und Farbe schneiden.

3. Die Streifen, mit dem schmalsten beginnend, an zwei Seiten im Log-Cabin-Muster an die Quadrate nähen. Danach die fertigen Quadrate aneinandernähen (3 x 4 Stück).

4. Unten und rechts das Muster durch blaue Streifen ergänzen.

5. Futterstoff auf Setgröße schneiden, rechts auf rechts gelegt rundherum bis auf eine Öffnung zusammennähen, wenden und die Öffnung mit Handstichen schließen.

6. Evtl. an einigen Nähten längs und quer entlangsteppen.

Hütchen:

1. Motivquadrat mit einer Runde im Log-Cabin-Muster umrunden (Zeichnung 1–4). Dann jeweils zweimal Streifen an drei Seiten annähen (Zeichnung 5–10). Dachstreifen oben annähen.

2. Für die Rückseite ein zweites Haus oder die Form aus einfarbigem Stoff zuschneiden (Dachstreifen ansetzen) und rechts auf rechts legen. Dachschrägen abnähen und Reste abschneiden. Vorder- und Rückseite an drei Seiten zusammennähen und wenden. Für das Futter die Hausform 2 x 0,5 cm kleiner zuschneiden und ebenso nähen.

3. Futter so in das Haus schieben, daß Nähte auf Nähten liegen. Vorne und hinten wenig Vlies zwischen Ober- und Unterseite schieben. Stoff an der unteren offenen Kante nach innen umlegen und mit kleinen Stichen das Futter an die Innenseite des Oberstoffes nähen.

Courthouse-Step

DAS TREPPENSTUFENMUSTER

KISSEN

Größe: Kissen 1: ca. 40 x 40 cm
Kissen 2: ca. 45 x 60 cm

Muster: Treppenstufen (Courthouse-Step, engl.: Stufen zum Gericht), Streifen hell – dunkel gegenüberliegend

Kissen 1:

Streifen und Umrandung:
1,5 cm breit

Eckquadrate: 6,5 cm x 6,5 cm

Violetter Rand: 6,5 cm breit

Randstreifen (vgl. S. 11): 5,5 cm breit

Material: smyrnafix-Patchworkstoff, Vlies, etwas Nessel, Rückseitenstoff für Hotelverschluß (vgl. S. 23)

Arbeitsanleitung:

1. Für die Kissen brauchen Sie zunächst Stoff in zwei Schattierungen, hier violett und grün.

2. Kleine Mittelquadrate in Streifenbreite schneiden. An zwei gegenüberliegenden Seiten Streifen, z.B. violett, annähen (Zeichnung A + B). Güne Streifen an den anderen beiden Seiten anfügen (Zeichnung C). So im Wechsel fortfahren, dabei immer grüne Streifen über grün und violette Streifen über violett anbringen (Zeichnung D + E). Mit jeder Farbe müssen sechs Streifen genäht werden.

3. Das entstandene Quadrat (1 Block) erst violett, dann grün in Streifenbreite umranden.

4. Für alle vier Seiten einen breiten Randstreifen schneiden und an zwei Enden jeweils ein Quadrat annähen.

5. Erst den Rand ohne Quadrate, dann den Rand mit Quadraten anfügen.

6. Vlies und Nessel 1 cm größer als die fertige Kissenplatte zuschneiden, schichten und nach Belieben mit der Maschine oder von Hand Muster steppen.

7. Rückseitenstoff im Hotelverschluß zuschneiden oder von Hand nähen. Danach den Randstreifen als Abschlußkante arbeiten.

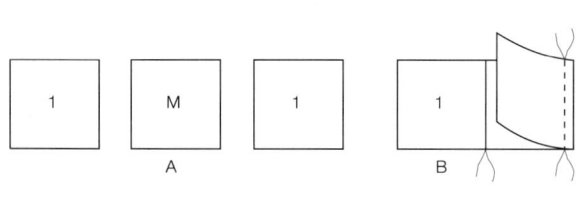

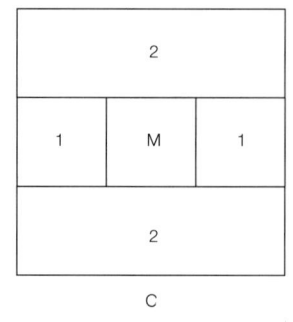

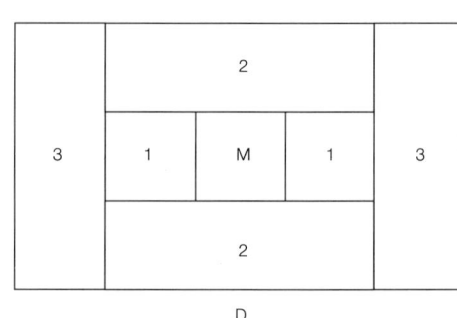

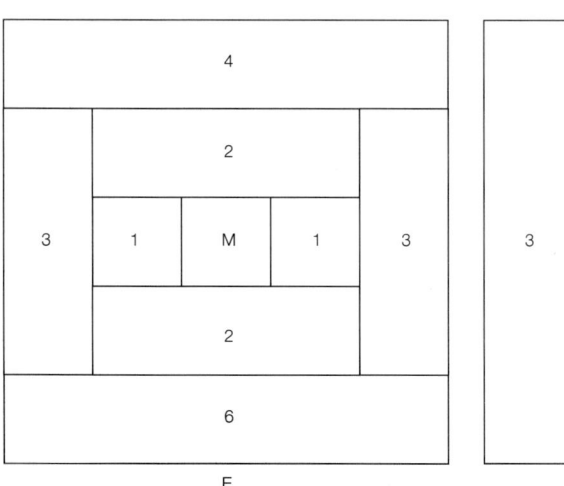

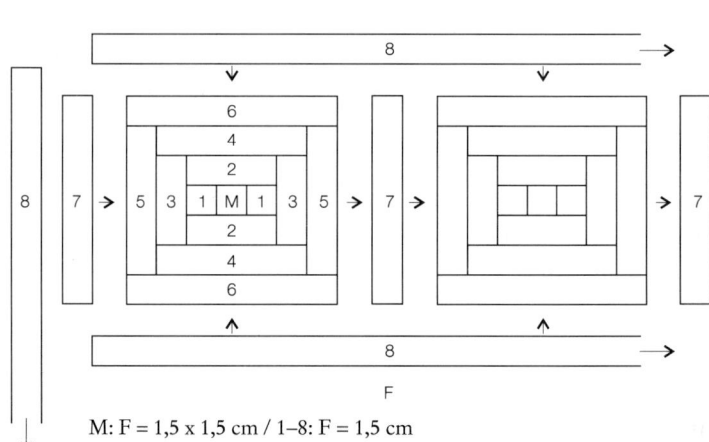

M: F = 1,5 x 1,5 cm / 1–8: F = 1,5 cm

Kissen 2
Muster: Courthouse-Step Spools (Spulen)
Streifen: 1,5 cm breit
Zwischenstreifen: 1,5 cm breit
Rand, rosa: 3 cm breit
Material: wie Kissen 1

Angegeben ist das Fertigmaß, für den Zuschnitt kommen für jedes Teilstück rundherum 0,75 cm hinzu.
Rechenbeispiel und -formel finden Sie auf Seite 17.

Arbeitsanleitung:
1. Für dieses Kissen nähen Sie zwölf Courthouse-Quadrate. Arbeiten Sie genauso wie bei Kissen 1 die Schritte 1. und 2. Jedes Quadrat hat hier pro Farbschattierung nur drei Streifen (Zeichnung F), die geraden Zahlen 2, 4 und 6 in grün, 1, 3 und 5 in violett.
2. Legen Sie die Quadrate zu einer Fläche 4 x 3 Stück aus. Zwischen die Quadrate jeder Reihe arbeiten Sie einen Streifen links und rechts außen (Zeichnung F: 7). Als nächstes folgt Streifen 8 außen und zwischen den Reihen.
3. Das Kissen bekommt zum Schluß noch einen Rahmen in Rosa.
4. Kissenplatte, Vlies und Nessel schichten, heften und die „Spulen" durch kleine Quiltstiche mit der Hand herausarbeiten.
5. Rückseite im Hotelverschluß zuschneiden, verstürzt auf die Kissenplatte nähen, wenden, die Ecken herausarbeiten und die Kissen füllen.

GARDINENBAND

Größe: ca. 13 x 83 cm
Muster: Fischgrät
Quadrat: 7,5 x 7,5 cm
Streifen: 3 cm breit
Länge dem Quadrat entsprechend
Material: smyrnafix-Patchworkstoff,
Polyester-Vlies (geteilt)

Angegeben ist das Fertigmaß, für den Zuschnitt kommen für jedes Teilstück rundherum 0,75 cm hinzu.
Rechenbeispiel und -formel finden Sie auf Seite 17.

Arbeitsanleitung:
1. Ein Quadrat und verschiedenfarbige Streifen zuschneiden.

2. Streifen in der Länge des Quadrates annähen (A), bügeln (B), dann 2. Streifen im rechten Winkel annähen (C). So im Wechsel rechts und links Streifen nähen, dabei den neuen Streifen immer um seine F-Breite versetzen (D).

3. Ist die gewünschte Länge des Gardinenbandes erreicht, die Seiten so durch Schneiden begradigen, daß jeweils eine Nahtzugabe (!) bleibt.

4. Vlies und Futterstoff 1 cm größer zuschneiden, alle drei Lagen schichten, heften, steppen oder mit der Hand quilten.

5. Den Rand begradigen und mit Randstreifen (vgl. S. 11) versäubern.

6. Schleifenband aus Stoffrest in beliebiger Größe nähen.

KISSEN

Größe: ca. 42 x 42 cm
Muster: Seminole und Streifen
Streifen für Muster: 2,5 cm breit
Material: smyrnafix-Patchworkstoffe, Polyester-Vlies, etwas Nessel, Rückseitenstoff

Arbeitsanleitung:
(vgl. Zeichnungen Seite 55)
1. Fünf Streifen in unterschiedlichen Farben (1 grün, 2 dunkelblau, 3 hellblau, 4 rosa, Stoffbreite ca. 110 cm) zuschneiden und nach Zeichnung A zusammennähen. Die Nähte alle auf eine Seite bügeln.

2. Einen Teil für Kissen abteilen. Restliche Streifen quer in 4 cm breite Stücke schneiden (A).

3. Die Stücke immer um 1 Quadrat versetzt rechts auf rechts zusammennähen (B).

4. Das entstandene Seminolemuster an zwei Ecken, dem Muster entsprechend, vervollständigen. Dann den Streifen rechts und links begradigen, dabei eine Nahtzugabe von 0,75 cm berücksichtigen (C).

5. Streifenteil und Seminolestreifen durch rosa Stoff zum Quadrat ergänzen. Dunkelblaue Streifen (4 cm breit) als Rand nähen.

6. Die fertige Kissenplatte mit Vlies und Nessel (oder ähnlichem) schichten, heften, dann mit der Nähmaschine steppen oder von Hand quilten.

7. Rückseite (mit Hotelverschluß, vgl. S. 23) verstürzt gegennähen und wenden, Kante absteppen.

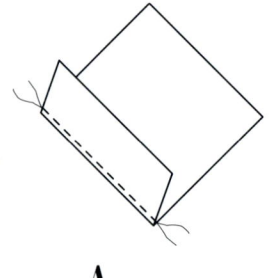

A

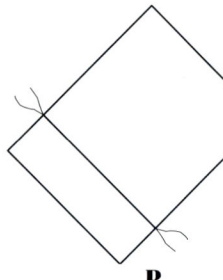

B

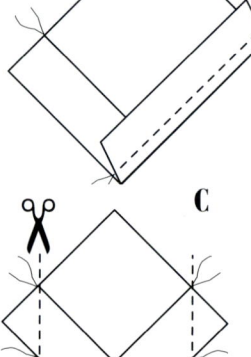

C

D

TIP:
Für das Gardinenband können die Streifen auch unterschiedlich breit, quer oder längs gearbeitet werden.

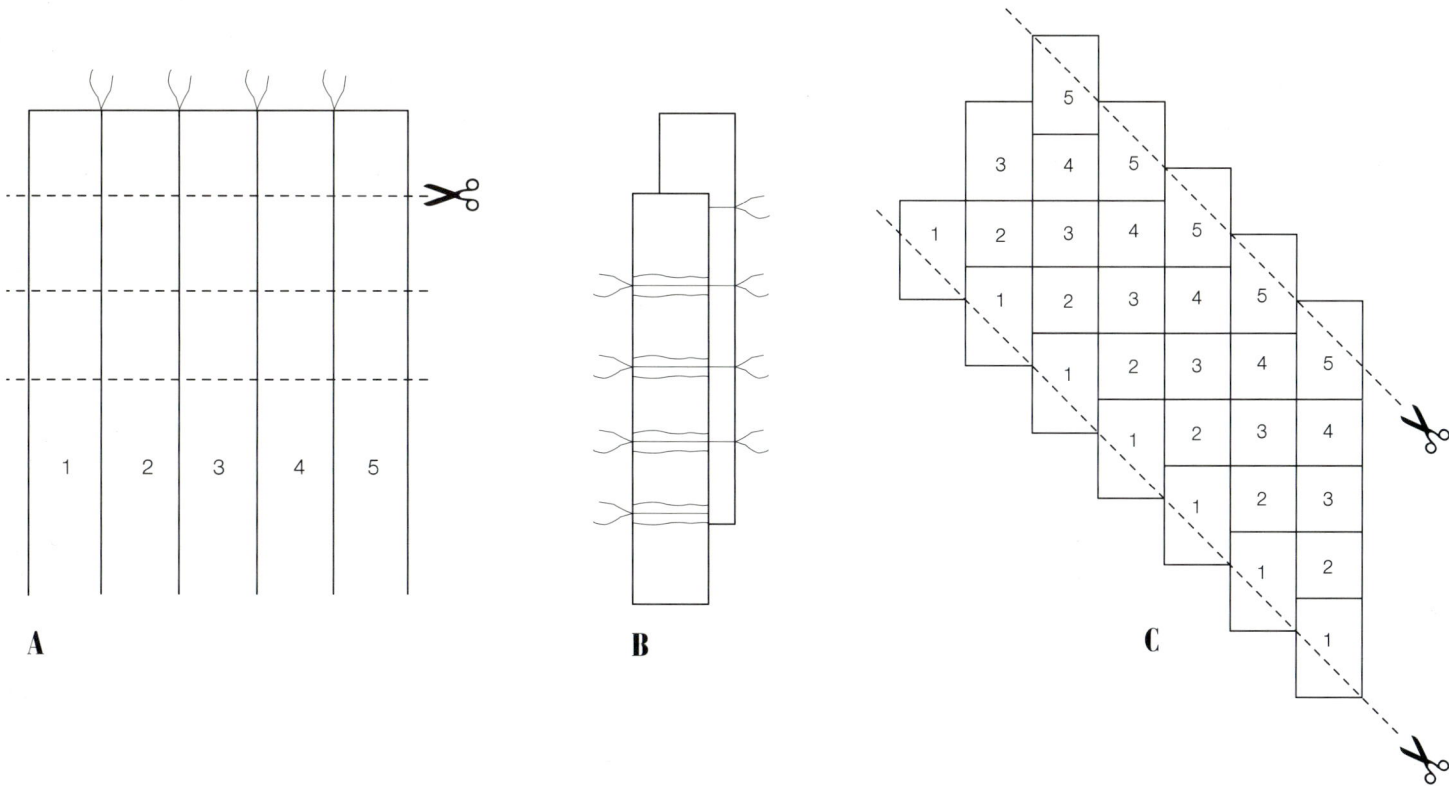

A

B

C

Pineapple

DAS ANANAS-MUSTER

WEIHNACHTLICHER LÄUFER

Größe: ca. 37 x 92 cm

Muster: Ananasmuster (Pineapple),
drei Blöcke

Quadrat: 6,5 cm x 6,5 cm

Dreiecke aus Quadraten: 7 cm

(1 Quadrat diagonal geteilt = 2 Dreiecke)

Streifen: 2,5 cm breit

Außendreiecke: 9 cm (auch aus einem
Quadrat 9 x 9 cm)

Grüne Zwischenstreifen: 3 cm breit

Grüner Streifen außen: 4,5 cm breit

Randstreifen: 5,5 cm (vgl. S. 11)

Material: smyrnafix-Weihnachtspatchwork-
stoffe mit hellem, rotem und grünem
Grund, einfarbig grüner Patchworkstoff für
die Ränder.

**Angegeben ist das Fertigmaß, für den
Zuschnitt kommen für jedes Teilstück
rundherum 0,75 cm hinzu.
Rechenbeispiel und -formel finden Sie auf
Seite 17**

Arbeitsanleitung:

1. Drei Mittelquadrate schneiden. Mit Hilfe einer Pappschablone Motiv suchen. Zwölf Dreiecke aus sechs weißen Quadraten schneiden.

2. An jedes Quadrat erst Dreieck 1 + 2, dann 3 + 4 nähen (Zeichnung A).

3. Überstehende Ecken – nicht die Nahtzugabe! – abschneiden (Zeichnung B).

4. Aus einer dunklen Kontrastfarbe, hier rot, Streifen a + b, dann c + d annähen. Die Naht soll dabei genau über die Ecke des Quadrates laufen. Die Nahtzugabe dafür ist vorhanden (Zeichnung C).

5. Nun mit Hilfe des Lineals und des Rollschneiders die Ecken so abschneiden (parallel zum Mittelquadrat verlaufend), daß eine Nahtzugabe eingerechnet wird (Zeichnung D).

6. Die Streifen in hellerer Kontrastfarbe e + f, dann g + h annähen (Zeichnung E). Die Ecken dieser Streifen in der Verlängerung des roten Stoffes abschneiden (auch hier wieder die Nahtzugabe beachten).

7. So mit weiteren angenähten Streifen verfahren, dabei immer die hellen und die dunklen Farben über die entsprechenden Farben der Vorrunde arbeiten (drei Runden Streifen).

8. Die Form durch Annähen von Außendreiecken zum Quadrat vervollständigen. Dann Zwischenstreifen und Rand rundherum annähen.

9. Rückseitenstoff zuschneiden. Vorderseite, Vlies und Rückseite schichten, heften und die entstandenen Tannenbaumformen mit Handquiltstichen umranden.

10. Läufer mit Randstreifen versäubern.

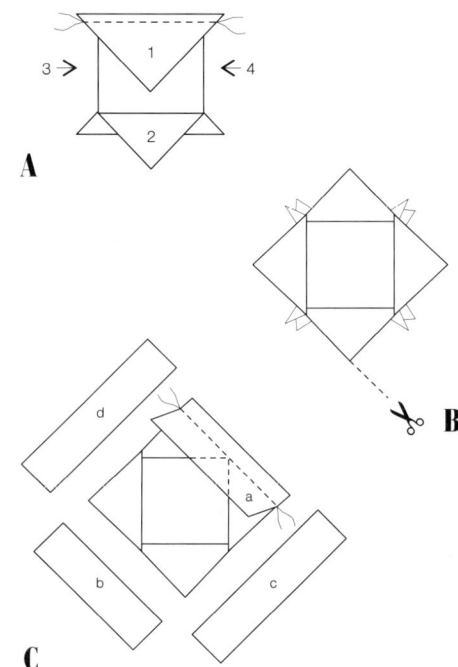

A

B

C

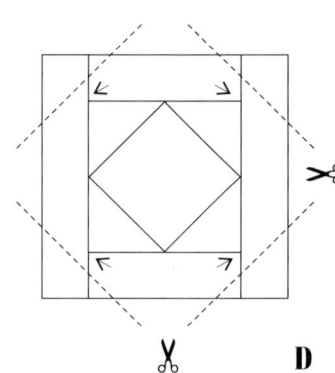

D

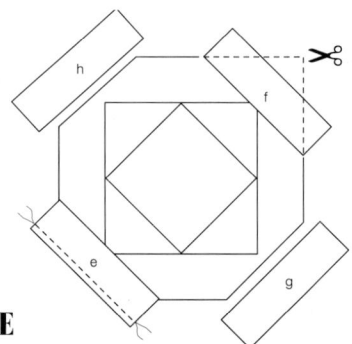

E

Das Tulpenmotiv

BLOCKHAUS-VARIATIONEN

DECKE

Größe: ca. 130 x 130 cm
Tulpe 1: 17,5 x 17,5 cm
Kleines Quadrat Mitte: 2,5 x 2,5 cm
Streifen: 2,5 cm breit
Konekter (Quadrat 10 + 11): 6,5 x 6,5 cm
Ergänzungsstreifen Blatt (13 + 15):
        2,5 cm breit, ca. 8 cm lang
Tulpe 2: 17,5 x 17,5 cm
1–11 Maße wie Tulpe 1
Streifen 12–18 und 19–21:
        2,5 cm breit
Blaues Quadrat:17,5 x 17,5 cm
Mittelquadrat: 7,5 x 7,5 cm

Streifen: 2,5 cm breit
Material: verschiedene bunte smyrnafix-
Patchworkstoffe, weißer Stoff,
Rückseitenstoff (evtl. Nessel), karierter
Patchworkstoff, Vlies (140 cm x 160 cm
Breite), Nähgarn, weißes und rotes
Quiltgarn
Angegeben ist das Fertigmaß, für den
Zuschnitt kommen für jedes Teilstück
rundherum 0,75 cm hinzu.
Rechenbeispiel und -formel finden Sie auf
Seite 17.

Arbeitsanleitung:
Tulpe 1:
1. Im Log-Cabin-Muster in der Reihenfolge 1–7 Streifen an das kleine Mittelquadrat nähen (Zeichnung A und Tulpe 1). Dabei auf die Farbanordnung der Stoffe achten.
2. Konekter (angesetztes Dreieck) zunächst in Form eines Quadrates schneiden, rechts auf rechts auf die Ecke legen, die Diagonallinie mit einem Blei- oder Farbstift einzeichnen und das Quadrat 1 mm nach außen neben der Linie aufnähen. Die Ecke (Nahtzugabe stehenlassen) abschneiden (Zeichnung B).
3. Den Konekter aufklappen, bügeln und so die Ecke wieder vervollständigen. Den 2. Konekter an der gegenüberliegenden Seite arbeiten (Zeichnung C).
4. Die grünen Blattstreifen (12 + 14) rechts auf rechts auflegen und ein Ende so abknicken, daß die schräge Kante mit der Tulpenkante parallel liegt. Dann jeweils die weißen Streifen (13 + 15) an beiden Seiten rechts auf rechts darüber legen und beide Streifen steppfußbreit aufnähen (Zeichnung D).
5. Beide Seiten aufklappen und bügeln. Die schräge Kante des grünen Streifens bleibt offen liegen (Zeichnung E).
6. Streifen 16 annähen. Streifen 17 bekommt ein angesetztes Eckquadrat (Zeichnung Tulpe 1).

Tulpe 1

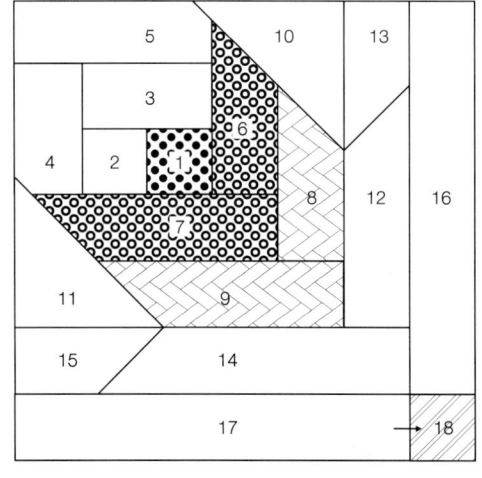

Tulpe 2

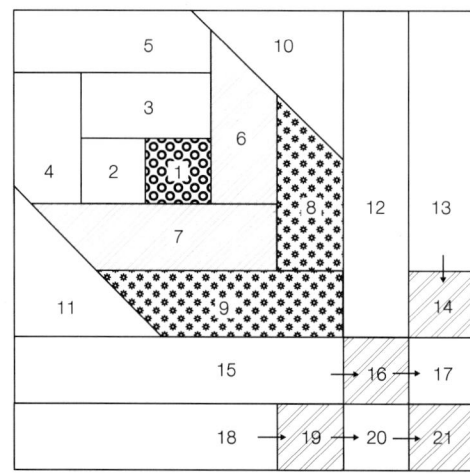

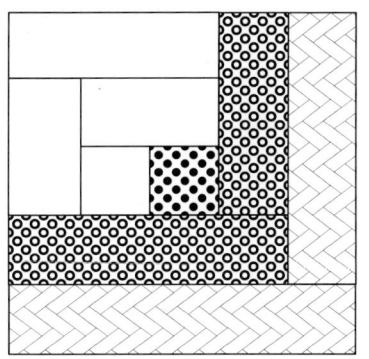

A

Tulpe 2:
1.–3. wie Tulpe 1
4. Streifen 12 annähen, Streifen 13 mit angesetztem Quadrat vorbereiten und ansetzen (Zeichnung Tulpe 2).
5. Streifen 15 mit Quadrat 16 und 17 vorbereiten, ebenso Streifen 18 mit Quadrat 19, 20 und 21, dann annähen.
Blaues Quadrat (Zeichnung F, S. 60): An das Mittelquadrat (kariert) im Log-Cabin-Muster eine Runde weißen, danach eine Runde blauen Stoff nähen.

Zusammensetzung der Decke (vgl. Zeichnung S. 60):
10 x Tulpe 1, 10 x Tulpe 2, 6 x Quadrat hellblau, 6 x Quadrat mittelblau, 2 Quadrate weiß (14 x 14 cm)/ diagonal geschnitten zu 4 Ecken, 7 Quadrate weiß (20 x 20 cm)/ diagonal geschnitten zu 14 Ecken
Rand kariert: 7,5 cm breit
Rand weiß: 5 cm breit
Randstreifen: 5,5 cm breit (vgl. S. 11)
1. Sind alle Quadrate genäht, das Muster so auslegen, daß die Quadrate auf der Spitze stehen.
2. Jeweils in die Lücken am Rand und an den Ecken die entsprechend zugeschnittenen Dreiecke einfügen.
3. Die Ecken, Quadrate und auch Dreiecke werden in der Diagonalen zusammengenäht: zuerst alle Dreiecke an die jeweils angrenzenden Quadrate, danach alle Quadrate diagonal aneinander.
4. Alle Reihen werden dann aneinandergenäht. Zwei Eckreihen bestehen aus einem Quadrat mit angenähter Spitze.
5. Die Kanten begradigen, in der Reihenfolge oben, unten, rechts und links, zuerst den karierten, dann den weißen Streifen annähen.
6. Rückseitenstoff, Vlies und Decke schichten, heften und mit der Hand mit Hilfe eines Quiltrahmens von der Mitte aus zum Rand quilten. Sie können z.B. zuerst alle Tulpen umranden, dann die Quadrate herausarbeiten und anschließend den Randstreifen nähen.

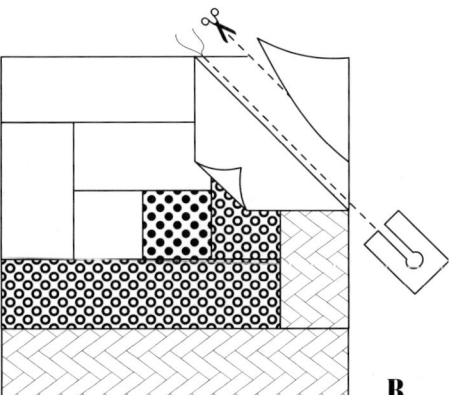

B

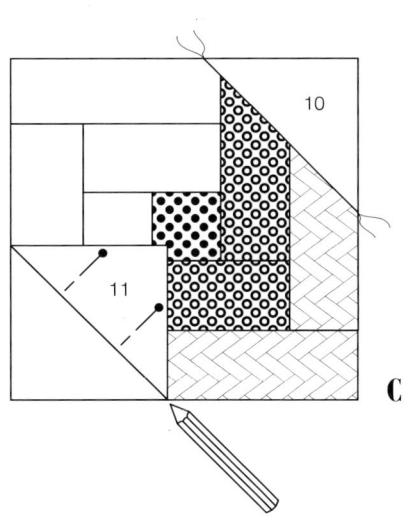

10
11
C

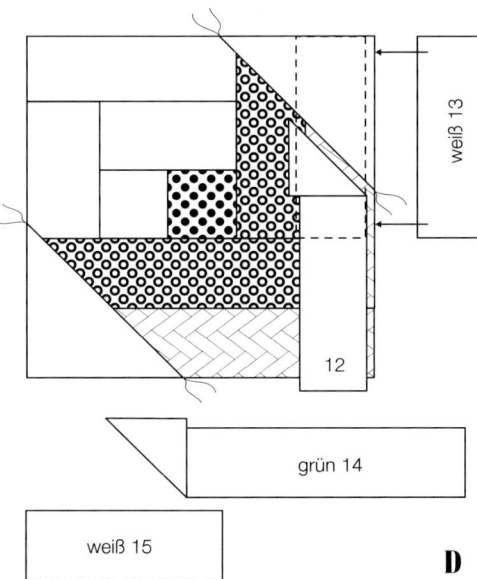

weiß 13
12
grün 14
weiß 15
D

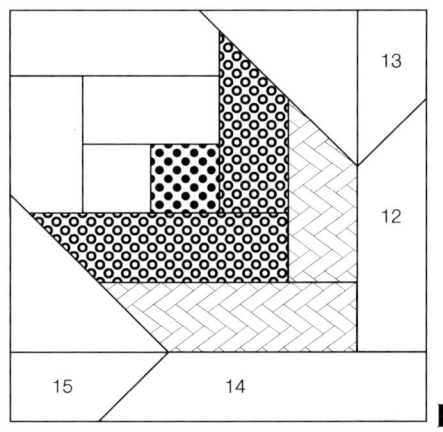

13
12
15   14
E

F

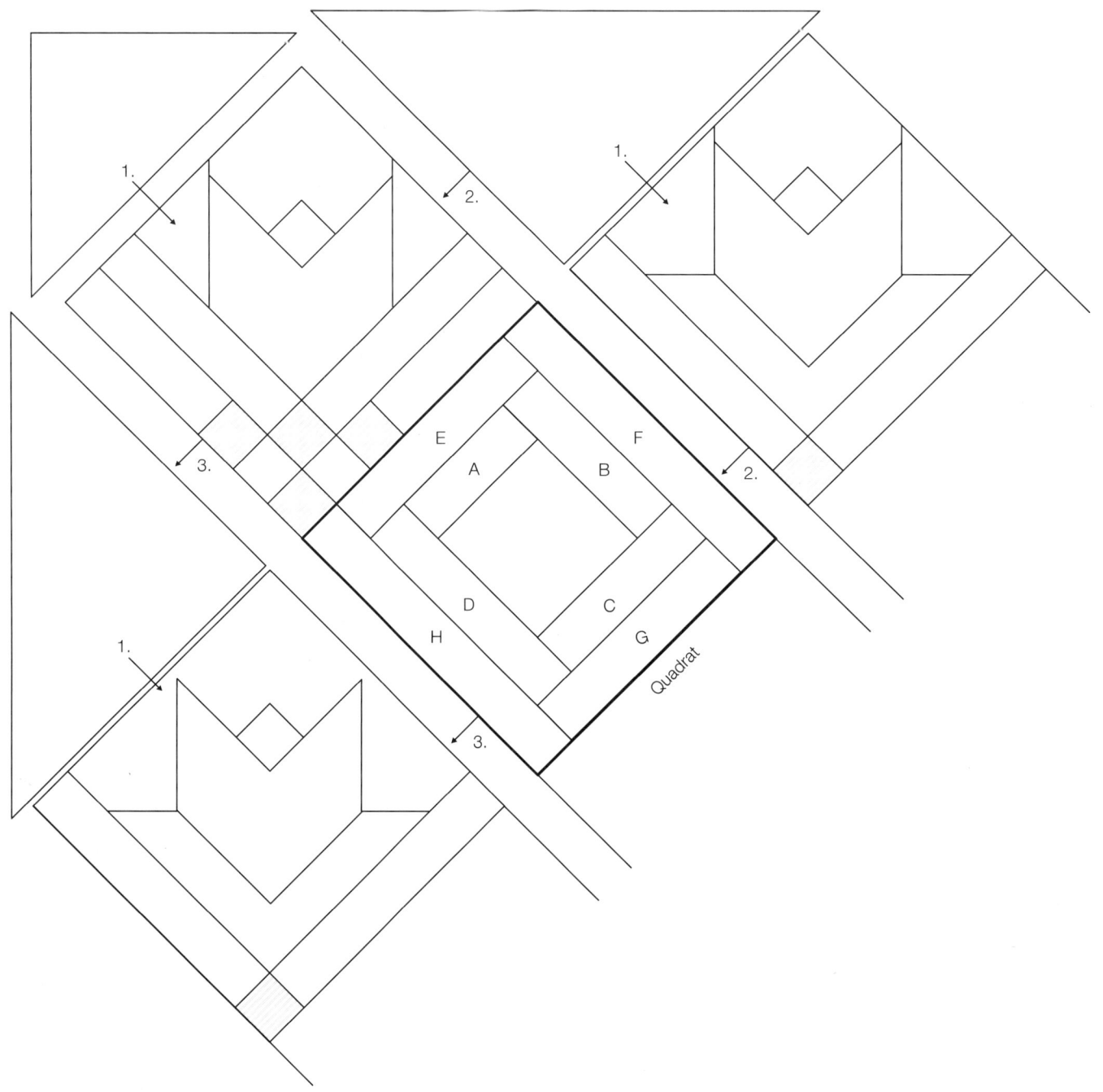

Labels within the diagram: 1., 2., 3., E, F, A, B, D, C, H, G, Quadrat

KISSEN

Größe: ca. 50 x 50 cm

Tulpe 1 arbeiten

2 Quadrate 14 x 14 cm (diagonal zu Dreiecken schneiden)

Streifen: 2,5 cm

Bunter Streifen außen: 6 cm breit

Eckquadrate: 6 x 6 cm

Material: smyrnafix-Patchworkstoffe, Nessel und Rückseitenstoff, rotes Quiltgarn

Arbeitsanleitung:

1. Die Dreiecke an das Tulpenquadrat nähen, karierten Streifen mit eingearbeiteten Eckquadraten und weißem Rand nähen.

2. Für den bunten Streifenrand alle Reststreifen aneinandernähen und dann quer den Rand und die Nahtzugabe abschneiden. Kleine Quadrate an zwei Seiten annähen, danach den Streifen ansetzen.

3. Kissen, Vlies und Nessel schichten, heften und die geraden Linien mit der Nähmaschine absteppen. Mit Hilfe einer Pappschablone Herzen aufzeichnen und einige Nähte und Herzen mit rotem Quiltfaden von Hand quilten.

4. Rückseite aus passendem Stoff mit Hotelverschluß (vgl. S. 23) arbeiten, dann rechts auf rechts auf die Kissenplatte legen, den Rand rundherum steppen, das Kissen wenden und füllen.

PATCH WORK
QUILT

Original amerikanische Baumwoll-Druckstoffe
in über 500 farbenfrohen Dessins.
Farbecht und pflegeleicht.
Für alle Kreativen zum Quilten, Basteln
und Nähen.
Lassen Sie sich in Ihrem Fachgeschäft beraten!

Bezugsquellennachweis erhalten Sie von
smyrnafix Georgii OHG   Postfach 3 29   D-71045 Sindelfingen

SA 55c

Weitere Bücher aus der  und der

53210

bei Christophorus

Für alle, die gern sticken, malen oder zeichnen haben wir noch mehr praktische Bücher. Aber auch zum Thema Basteln und Gestalten. Und zu anderen schönen Hobbys. Lernen Sie unser Gesamtprogramm kennen. So einfach ist es: Schreiben oder faxen Sie an den

Christophorus-Verlag,

Hermann-Herder-Straße 4, 79104 Freiburg, Telefon (0761) 27 17-268. Fax: (0761) 27 17-352. A: Herder & Co. Postfach, 1020 Wien CH: Herder AG Basel, Postfach, 4133 Pratteln 2

Unser Katalog kommt postwendend.

53200

53197

53196

53195

53194

53186

53234

53190

53235

53198

53189

Christophorus. Bücher mit Ideen

© 1995 Christophorus-Verlag GmbH
Freiburg im Breisgau

Gabriele Reher: Das Patchwork-Buch,
Freiburg i. Br. Christophorus-Verlag
(Edition Zweigart)

ISBN 3-419-53199-0

Alle Rechte vorbehalten –
Printed in Germany

Jede gewerbliche Nutzung der Arbeiten und Entwürfe ist nur mit Genehmigung der Urheberin
und des Verlages gestattet. Bei Anwendungen im
Unterricht und in Kursen ist auf dieses Buch hin-
zuweisen.

Lektorat: Maria Möllenkamp, Freiburg
Fotos: Roland Krieg, Waldkirch
Reinzeichnungen: Uwe Stohrer, Norsingen
Umschlaggestaltung: Network!, München
Produktion: Print Production, Umkirch
Herstellung: Freiburger Graphische Betriebe 1995